Christa Kössner, Mein Haustier spiegelt … MICH!
Das Spiegelgesetz

Christa Kössner

Mein Haustier spiegelt... MICH!

Das Spiegelgesetz

ENNSTHALER VERLAG, A-4400 STEYR

Erklärung
Die in diesem Buch angeführten Vorstellungen, Vorschläge und Therapiemethoden sind nicht als Ersatz für eine professionelle medizinische oder therapeutische Behandlung gedacht. Jede Anwendung der in diesem Buch angeführten Ratschläge geschieht nach alleinigem Gutdünken des Lesers. Autorin, Verlag, Berater, Vertreiber, Händler und alle anderen Personen, die mit diesem Buch in Zusammenhang stehen, können weder Haftung noch Verantwortung für eventuelle Folgen übernehmen, die direkt oder indirekt aus den in diesem Buch gegebenen Informationen resultieren oder resultieren sollen.

ISBN 3-85068-591-8

www.ennsthaler.at

2. Auflage 2003

Ennsthaler Gesellschaft m.b.H. & Co KG, A-4400 Steyr
Satz und Druck: Ernst Denkmayr GmbH, A-4020 Linz

INHALT

Vorwort

Dieses Büchlein beschäftigt sich hauptsächlich mit Tieren, die mit dem Besitzer im gemeinsamen Haushalt leben. Deine Erkenntnisse daraus kannst Du selbstverständlich auch auf sämtliche anderen Tiere anwenden: Pferd, Schwein, Kuh, Eichhörnchen, Affe, Krokodil …

Jedes Tier, das Dir irgendwie besonders ins Auge sticht, kann Dir eine Erkenntnis über Dich selbst bescheren – sofort an Ort und Stelle, ohne viel Aufwand, mühelos und leicht.

Wie in meinen drei anderen Büchern zum Thema „Spiegelgesetz" beleuchte ich auch in diesem Buch hauptsächlich die „negativen" Spiegelbilder unserer gefiederten oder pelzigen Freunde. Ich behaupte: In jedem Verhalten Deines Haustiers, das Dir besonders auffällt, erkennst Du ein Verhalten von DIR. Und jetzt kommt es darauf an, wie Du mit dieser bestimmten, hervorstechenden Eigenschaft Deiner Katze Lisi, Deines Hundes Aron oder Deines Wellensittichs Max, umgehst. Regst Du Dich darüber auf oder gerätst gar in Wut … könntest Du gleichzeitig noch etwas anderes tun: Die Spiegelgesetz-Methode in vier Schritten anwenden, um die Liebesbotschaft Deines Haustiers zu begreifen.

In Zeiten von Massenschlachtungen und Rinderwahn, liegen mir die Tiere besonders am Herzen. Und deswegen wünsche ich mir, mit diesem Buch ein bisschen mehr Licht in das Bewusstsein von Tierhaltern zu bringen. Wir Menschen sind es, die für das Leid der Tiere verantwortlich sind. WIR sind es, die aufgrund unserer Geisteshaltung Spiegelbilder schaffen, die mich zum Weinen bringen. Erst kürzlich wurde in Wien auf offener Straße eine brave Schäferhündin, die vorschriftsmäßig einen Beißkorb trug, von einem zornigen Passanten erschossen. Das Tier starb vor den entsetzten Augen seiner Besitzerin am Straßenrand. Die junge Frau konnte nicht eingreifen, weil sie ihr Baby im Kinderwagen mit dabei hatte. Der Tiermörder rechtfertigte seine Tat mit den Worten: „Der Hund hat an mir geschnüffelt!"

Ich bin seit vielen Jahren Mitglied des Wiener Tierschutzvereins. Als Patin eines Hundes, einer Katze, eines Hasen und eines Meerschweinchens ist es mir möglich, diesen Tieren für jeweils ein Jahr Verpflegung im Wiener Tierschutzhaus zu schenken. Natürlich gibt es auch in unserer Familie ein Haustier: Die witzige, charakterstarke Bonnie (siehe Titelbild). Ich erzähle Dir später noch mehr von ihr.

Mit diesem Buch bedanke ich mich nicht nur bei meinen Freunden, die mir viele wahre, berührende Geschichten von Haustieren erzählten, sondern auch bei den Angestellten, den Ärzten und Tierpflegern im Wiener Tierschutzhaus für ihre riesengroße Tierliebe. Rund um die Uhr sind dort Menschen mit Herz im Einsatz, um all den verstoßenen, verletzten, vergessenen und ausgesetzten Tieren ein Zuhause MIT Liebe zu schenken. Vor ein paar Wochen barg die Wiener Tierrettung zum Beispiel eine Kiste voll halb verdursteter Ratten, die auf dem Zollgelände irgendwo herumstand. Knapp danach waren es über hundert Goldfische, die irgendwer in einem ausgetrockneten Biotop zurückgelassen hatte. Für die goldigen Gesellen musste im Wiener Tierschutzhaus extra ein Teich geschaffen werden. Und Bobby, der aus einer Privatwohnung (!) befreite eineinhalb

Meter lange Alligator, bekam sogar ein eigenes, artgerechtes Haus, wo er wahrscheinlich zum ersten Mal in seinem Leben erahnt, wie sich ein glückliches Krokodil fühlt … (Kontaktmöglichkeit sowie Spendenkonto Christa Kössner zur Förderung des Wiener Tierschutzhauses siehe Nachwort).

Das Spiegelgesetz ist seit zehn Jahren mein Spezialthema. Aufgrund einer unglaublich schönen Gotteserfahrung im Sommer 1991 (*beschrieben in meinem Buch „Schlüssel zum Glücklich-Sein: Das Spiegelgesetz", Ennsthaler 1997, 1999, 2001*) durfte ich erkennen, dass alles rund um mich immer nur mich selbst darstellt. Mein Haustier bildet da keine Ausnahme, sondern ist ein besonders klarer Spiegel meiner selbst. Warum ich das bekräftige? Weil Tiere erstens UNSERE Energie aufnehmen und zweitens keine bewusst denkenden Wesen sind, sondern ihren Instinkten folgen. Das bedeutet … je länger wir mit einem Haustier zusammen leben, desto ähnlicher wird es UNS. Deine Hauskatze zum Beispiel verhält sich im analogen Sinn genauso wie Du. Sie spiegelt Dir nicht nur Deine Schokoladenseite, sondern auch das, was Du an DIR (!) nicht beachtest. Dein Hund lebt DEINE Traurigkeit aus, oder DEINE Aggressionen. Ja, ich wage sogar zu behaupten, dass Dein Hausgenosse aus Liebe zu Dir bestimmte Krankheiten an Deiner Statt auslebt. Ich komme später noch darauf zurück.

Meine Vorträge werden meistens mit „Präsentation einer außergewöhnlichen Bücherfamilie" betitelt. Für mich stimmt das hundertprozentig. Ich verrate Dir gerne, warum: Mein erstes Buch „Schlüssel zum Glücklich-Sein: Das Spiegelgesetz" kannst Du als das fruchtbare Elternbuch betrachten, das eine ganze Schar Bücherkinder in die Welt setzt. Eltern und Kinder tragen denselben Familiennamen: Das Spiegelgesetz. Jedes meiner Bücherkinder aus der

Spiegelgesetz-Familie beleuchtet ein Spezialthema, ist deshalb einzigartig und unabhängig von den anderen Familienmitgliedern.

Mein erstgeborenes Bücherkind trägt den Titel „Die Spiegelgesetz-Methode® – Praktischer Wegweiser in die Freiheit“ Ich biete Dir darin eine einfache Methode in vier Schritten an, mit der Du Dich sofort an Ort und Stelle von einem negativen Glaubenssatz befreien kannst.

Das zweite Bücherkind wurde voll Begeisterung im Frühjahr 2001 speziell für Autofahrer, Autosammler und Autobesitzer geboren: „Mein Auto spiegelt mich!“

Das vorliegende Büchlein ist das dritte Kind der Spiegelgesetz-Familie. Ich empfehle es als Herzenslektüre den Besitzern von Haustieren, sowie allen Menschen, die beruflich mit Tieren zu tun haben.

Das vierte Bücherkind widme ich zusammen mit zwei Co-Autoren den Krankheitssymptomen, das fünfte voraussichtlich den Computerfreaks ... das sechste ... Stopp, liebe Christa – sage ich mir jetzt – Du hast genügend Zeit, um all Deine geliebten Bücherkinder genüsslich und langsam ins Leben zu rufen.

Dir lieber Leser, liebe Leserin, wünsche ich jetzt eine Riesenportion Neugierde, ein bisschen Offenheit für das Ungewöhnliche und viel Spaß, wenn Du vielleicht ab jetzt Dein Haustier anders betrachtest: Als ein Spiegelbild Deiner selbst.

Ein paar Worte zum Spiegelgesetz

Altgriechische Philosophen definierten das Spiegelgesetz so: Was von außen auf Dich zukommt, das hast DU in Dir. Hermes Trismegistos formulierte dasselbe anders: Wie innen, so außen. Wie oben, so unten. Wie im Großen, so im Kleinen. Gewusst hatte ich das schon viele Jahre … aber begriffen und für mich umgesetzt?

Die immense Bedeutung des Spiegelgesetzes wurde mir erst im Sommer 1991 eindeutig klar und berührte mich zutiefst: **ICH bin es selbst (!),** die aufgrund meiner Geisteshaltung Tatsachen schafft, weil Gott mir dieselbe Macht zugesteht, wie sich selbst. Die Macht … MIR entsprechenden Menschen, Tieren, Situationen und Gegenständen Realität zu verleihen. Als ich das als wahr erkannte, liefen mir tagelang Tränen der Rührung übers Gesicht, denn ich spürte Gottes unendlich große Liebe zu mir. Aber ich hörte auch sein Flehen, ich möge endlich mit meinen Selbstquälereien aufhören. Das ist mir ganz leicht gelungen. Seither bin ich glücklich und eins mit Gott.

In meinen Workshops ist das Einfache und Unkomplizierte oberstes Gebot. Demnach formuliere ich die Spiegelgesetz-Methode so:

<u>Mein Gegenüber bietet mir immer zwei Chancen:</u>

1. Eine positive Eigenschaft (Stärke) von MIR zu erkennen.
2. Mein Urteil dagegen aufzuheben.

Ob das nun ein menschliches Gegenüber ist, oder mein Haustier, mein Auto, oder mein Kaktus … ist nebensächlich. Ich will Dir gerne verraten, warum das wahr ist. Weil mir an meinem Partner, meinem Kaninchen, meinem Toyota oder meinem Philodendron immer nur das auffallen kann, was in **MEINER** Geisteshaltung – also in MIR – aktuell ist!

Ein Beispiel:

Vor kurzem fuhren Bonnie und ich mit der U-Bahn. Weil unser Mini-Yorkshire-Mädchen nur knapp über zwei Kilogramm wiegt, verwende ich in öffentlichen Verkehrsmitteln gerne eine Hundetasche, die mit einem Sicherheitskarabiner zum Befestigen des Halsbandes ausgestattet ist. Drei Personen haben völlig unterschiedlich auf mein Hündchen reagiert:

Eine ältere Frau rang nach Luft und klammerte sich an ihren Begleiter, weil „da schon wieder so ein Mistköter keinen Beißkorb trägt" … Ein Herr mit deutschem Akzent flüsterte seiner Frau etwas angewidert zu: „Also hast Du schon so etwas gesehen? Die fährt mit ihrem Meerschweinchen spazieren!" … Und ein kleines Mädchen fragte mich: „Darf ich den Hund streicheln? Der ist ja sooo lieb. Ich hab aber alle Hunde gern, nicht nur die ganz kleinen."

Begreifst Du, was ich damit beweisen möchte? Jeder kann immer nur SICH SELBST erblicken! Wie könnte es sonst geschehen, dass drei Personen in ein und demselben Hund etwas völlig Verschiedenes wahrnehmen? Wir wollen nun diese Spiegelbilder als Aussagen über die betroffenen Personen entschlüsseln:

1. Die ältere Dame sah in meinem Hund eine gefährliche Bestie. Eine solche kann aber nur jemand wahrnehmen, der selbst eine gefährliche Bestie in sich trägt. In der Geisteshaltung dieser Frau regiert der Glaube an eine böse Welt voller Gefahren. Sie ist auch davon überzeugt, lieber selbst anzugreifen, als sich ihren Ängsten zu stellen.

2. Der Herr sah in meinem Hund ein Meerschweinchen. Er übersah Bonnies reinrassige Schönheit genauso, wie ihr freundliches Schwanzwedeln, das als liebevoller Kontaktversuch gemeint war. Das Schöne, Gute und Liebevolle kann nur jemand übersehen, der dem Schönen, Guten und Liebevollen keinen Platz in seinem Herzen zubilligt. In der Geisteshaltung dieses Herrn hat etwas anderes den Vorrang. Vielleicht seine berufliche Karriere, sein Hadern mit der Vergangenheit oder sein Glaube an einen bösen „lieben Gott“.

3. Das kleine Mädchen sah in Bonnie nur ein Wesen zum Liebhaben. Es sah ebenfalls sich selbst gespiegelt: Klein, lieb und zärtlichkeitsbedürftig.

Solange wir uns austricksen … weil wir denken, dass ein x-beliebiges Ereignis in unserem Leben nichts mit uns zu tun hat … wird sich nichts Gravierendes ändern! In einem Kosmos gibt es keinen ungewollten Zufall. Kosmos bedeutet Ordnung. Jede noch so unscheinbare Begebenheit in meinem Leben hat etwas mit MIR zu tun. Und deswegen halte ich es für eine kluge Entscheidung, wenigstens jene Spiegelbilder positiv für mich umzusetzen, die mich am häufigsten berühren. Bleiben wir beim obigen Beispiel:

Jener Dame, die in meinem entzückenden Winzling einen gefährlichen Hund sah … würde ich den Schlüssel „Du (Hund) bist ich“ empfehlen. *ICH bin eine gefährliche Bestie. Bei der geringsten Gefahr beiße ICH zu.* Das nenne ich eine Sofort-Selbsterkenntnis.

Dem Herrn, der Bonnie mit einem Meerschweinchen verwechselte … „Du (Hund) bist ich“. *ICH sehe mich als jemand, der ich in Wirklichkeit gar nicht bin* (Verwechslung mit Meerschweinchen). *Das Bild, das ich von mir habe, stimmt in vielen Punkten nicht. Ich zeige mich anders (kleiner, liebloser), als ich tatsächlich bin. Ich übersehe meine Lebensfreude* (freudiges Wedeln nicht bemerkt*) und lege wenig Wert auf meine äußere Erscheinung* (reinrassigen Yorkshire-Terrier nicht erkannt). Das nenne ich eine Sofort-Selbsterkenntnis.

Das kleine Mädchen … sah nur Gutes in ihrem pelzigen Gegenüber. Dies bestätigt einfach nur die liebevolle Geisteshaltung dieses Kindes.

Das Spiegelgesetz wirkt immer und überall. Es gibt keine Ausnahmen, obwohl wir das manchmal allzu gerne hätten. Unsere Lebensumstände sind das perfekte Bildnis UNSERER Glaubenssätze. Erinnerst Du Dich? Gott hat Dir die Macht verliehen, kraft Deines Denkens und Glauben Tatsachen zu verwirklichen. Also ist es immer und überall sofort möglich, von einer bestimmten Tatsache einen Rückschluss auf DICH – auf Deine Geisteshaltung – zu ziehen. Ich empfehle Dir diese kleine Übung besonders dann, wenn Du mit unerfreulichen Spiegelbildern konfrontiert bist: „Welches negative Zwiegespräch wiederhole ich ständig in meinen Gedanken?" „Was finde ich schlecht?" „Was glaube ich, nicht zu dürfen?" „Wovor fürchte ich mich so sehr, dass ich lieber leide, anstatt mich für ein glückliches Leben zu entscheiden?" Diese und ähnliche Frage helfen Dir sofort auf die Sprünge, DEINE negativen Gedanken wenigstens einmal auszusprechen, anstatt Dich ihnen wie ein Opferlamm zu unterwerfen. Noch einmal: **DU** bist es, der/die aufgrund Deiner Geisteshaltung nicht nur das Schöne in Deinem Leben hervorruft, sondern auch das weniger Schöne. Bitte glaube jetzt nicht, Du wärst ein schlechter Mensch, weil Du bis jetzt noch wenig Glück verwirklichen konntest. Wir alle haben unseren Anteil am negativen kollektiven Unbewussten eine Zeit lang zu tragen. Und zwar so lange, bis wir erkennen und **unsere**

Beteiligung am Unglück von Mensch und Tier bejahen. Solange ich denke „Das geht mich nichts an", habe ich MEINEN Teil weder erkannt, noch akzeptiert – und wenig wird sich ändern. Oder meinst Du wirklich, glücklich sein zu können, solange Du Kalbfleisch verzehrst? Oder Billig-Eier aus Massen-Legebatterien, um beim Thema dieses Buches zu bleiben. „Das geht mich nichts an" kann demnach nur die Aussage eines Menschen sein, der sich seiner Geistesmacht noch nicht bewusst ist. Der Macht, Glückseligkeit für Mensch und Tier erschaffen zu können!

Ich sehe in meinen menschlichen Spiegelbildern nur noch selten etwas Negatives, in Tieren überhaupt nichts Böses mehr. Früher ekelte ich mich vor Schlangen. Ob es eine Ringelnatter war, die meinen Weg kreuzte, oder eine Riesenschlange im Schönbrunner Zoo, spielte bei meiner (!) Voreingenommenheit gegen „kriechende Monster" keine Rolle. In jeder Schlange erblickte ICH (!) etwas Bedrohliches. Betrachten wir das Beispiel im Spiegel. Zum Entschlüsseln verwende ich wieder „DU = ICH". Ich ersetze das Wort „Schlange" einfach durch das Wort „Ich". Warum? Weil ich in meinem Gegenüber immer nur das sehen kann, was ICH bin. Ich erwähnte es schon.

ICH bin kalt und unberechenbar. MEIN Zuschnappen und Verschlingen der Beute macht mir Angst.

Schlangen spiegelten mir also Wesenszüge, die ich habe, nur verurteilte ich sie als böse und schlecht – an mir selbst und dementsprechend auch an meinem Gegenüber! Zitat aus meinem Buch „Schlüssel zum Glücklich-Sein: Das Spiegelgesetz": *So wie ich andere sehe, so sehe ich mich selbst.* Um meinen geistigen Irrtum rasch herauszufinden, verwendete ich das Wortspiel (siehe mein Buch „Die Spiegelgesetz-Methode"). Ich verwandelte die scheinbar negativen Eigenschaften der Schlange in ihre WIRKLICHE Botschaft:

aus KALT wurde SACHLICH,
aus UNBERECHENBAR wurde FLEXIBEL,
aus ZUSCHNAPPEN wurde NEHMEN,
aus VERSCHLINGEN wurde SÄTTIGEN.

Als Liebesbotschaft hörte sich die Entschlüsselung nun so an: *Ich bin sachlich und flexibel. Ich kann gut nehmen. Ich sättige mich.*

Mein Urteil gegen *kühl wirkende, sachliche* Frauen, die der jeweiligen Situation entsprechend flexibel reagieren können, lautete: „Unweiblich und daher nicht liebeswert!"

Mein Verbot, zu nehmen und mich zu sättigen, hörte sich so an: „Bescheidenheit ist die größte aller Tugenden."

Diese negativen Glaubenssätze in meiner (!) Geisteshaltung waren die Ursache für mein NEIN ZU MIR in diesen Punkten.

Was ich mir selbst verbiete und was ich an mir ablehne, das verurteile ich auch an meinem Gegenüber!

Selbstverständlich auch an Schlangen. Merkst Du schon ein bisschen, wie viele Liebesbotschaften Dir tagtäglich begegnen, die Du aufgrund Deiner negativen Gedanken, Deiner Verbote und Deiner falschen Glaubenssätze überhaupt nicht bemerkst? Mit jedem Wurstigkeits-Achselzucken zu etwas X-beliebigem vergällst Du Dir selbst ein Geschenk: Die Liebesbotschaft Deines Gegenübers.

Ich bitte Dich, beim Studium dieses Büchleins auf rationale Erklärungen zu verzichten. In meinen Workshops wurde mir von Teilnehmern schon öfter die Frage gestellt: „Wie bin ich jetzt von meinem Spiegelbild auf meinen Glaubenssatz gekommen?" Das WIE spielt keine Rolle. Entscheidend für Dich ist die Tatsache, DASS Dir plötzlich klar wird, wie lieblos … eingeschränkt … hart … usw. **DU** Dich in ganz bestimmten Wesensbereichen darstellst. Die Spiegelgesetz-Methode ist eine simple Angelegenheit für jedermann, der so wie ich das Einfache zur Lebensmaxime erhebt.

Was immer ICH in meinem Gegenüber wahrnehme,
ist eine Aussage über MICH – und Punkt.

Woher ich meine Urteile, meine Verbote, meine Glaubenssätze und meine Überzeugungen habe, tut nichts zur Sache. Ich HABE sie – und erlebe die Folgen in konkreten Tatsachen. Gottseidank ist das so, ich empfinde das wirklich als Gnade. Denn ich brauche ja nur auf meine aktuelle Situation, oder auf mein lebendiges Gegenüber zu schauen – wie in einen großen Spiegel – um MEINE liebevollen oder lieblosen Gedanken zu einem bestimmten Thema zu erraten. Danach akzeptiere ich meine vorgefasste, negative Meinung ein letztes Mal als zu mir gehörig und verabschiede mich davon. Jedesmal, wenn ich mich von einem Stück meines kleinmachenden Selbstbildes befreie, freut sich der liebe Gott. Was dasselbe ist wie … alle Gottesgeschöpfe rund um mich und noch viel, viel mehr … freuen sich, weil meine Schritt für Schritt gemachten Befreiungsaktionen Glückseligkeitsimpulse darstellen, die weder Zeit noch Raum benötigen, um die ganze Welt zu erreichen …

Es = Ich

Immer wieder fragen mich Seminarteilnehmer, warum es mir so leicht fällt, Spiegelbilder zu entschlüsseln. Meine Antwort gebe ich gerne an Dich weiter: Weil ich einen simplen Trick verwende. Ich ersetze das Wort DU durch das Wort ICH, nachdem ich mein Gegenüber beschrieben habe. Selbstverständlich funktioniert das auch bei Tieren. Ich ersetze das Wort HUND, KATZE, HAMSTER, SCHWEIN … durch das Wort ICH.

Ein Beispiel:

Frau Maria L. ärgert sich über das seltsame Fressverhalten ihres Dackels. Sie wendet die Spiegelgesetz-Methode in vier Schritten an (siehe Zusammenfassung letztes Kapitel und auch gleichnamiges Buch „Die Spiegelgesetz-Methode"), um erstens dieses Spiegelbild zu entschlüsseln und um zweitens die Liebesbotschaft ihres Hundes zu begreifen.

Schritt 1: Beschreibe die Situation:

Mein Dackel Herkules sitzt im Abstand von ungefähr einem Meter vor seinem vollen Futternapf. Oft starrt er zehn Minuten oder länger die duftenden Fleischstücke an, ohne sie zu fressen! Das macht mich wahnsinnig. Jeden Tag spielt sich das gleiche ab. Ich rede mir den Mund fusselig, bis er endlich das erste Häppchen zu sich nimmt. Manchmal muss ich ihm sogar ein Märchen erzählen!

Schritt 2: Akzeptieren und Entschlüsseln:

ER (Herkules) = ICH (Frau Maria L.)

ICH, Maria L., sitze vor meinem vollen Futternapf (= direkt vor meinen Augen ist die Fülle). Ich starre hin, ohne zuzugreifen. Jeden Tag spielt sich dasselbe ab. Ich muss mir ständig gut zureden, bis ich mir endlich etwas davon nehme. Das macht mich schon wahnsinnig.

Bemerkst Du, wie einfach dieser Trick ist und wie er SOFORT funktioniert? Die wahre Botschaft ihres Haustiers ist für Frau Maria L. leicht erkennbar. Der Dackel spiegelt ihr, was **SIE** sich verbietet: Sich mit gutem Gewissen von der Fülle rundherum etwas zu nehmen!

Schritt 3: Danken und Aufgeben des geistigen Irrtums:

Irgendwann hat sich in der Geisteshaltung von Frau Maria L. ein Irrtum eingenistet, mit dem sich selbst ein erfülltes Leben in Reichtum und Wohlstand versagt. Der (unbeachtete) negative Glaubenssatz würde sich in Worten etwa so anhören: „Geben ist mehr wert, als nehmen“ oder „Bescheidene Menschen kommen in den Himmel“ oder „Ich brauche nichts“. Als symbolische Handlung und Zeichen ihrer Bereitwilligkeit, diese falschen Statements aufzugeben, schreibt Frau Maria L. ihre gedanklichen Irrtümer auf ein Kärtchen. Sie bedankt sich für Gottes Beistand, als sie das Kärtchen verbrennt.

Schritt 4: Neue Idee

Frau Maria L. hat nun in ihrer gedanklichen Welt ein bisschen Ordnung gemacht. Sie hat Platz geschaffen für eine neue Idee, die ihr Herz erfreut: *Es gelingt mir leicht, Fülle anzunehmen!*

Und siehe da, auf einmal läuft Herkules schwanzwedelnd zu seiner Futterschüssel und verzehrt mit Appetit seine Leckerbissen … Das ist kein Scherz, sondern eine logische Angelegenheit. In dem Moment Frau Maria L. den wunden Punkt in **IHRER** Geisteshaltung verändert, strahlt sie etwas anderes aus. Demnach muss sich auch das Spiegelbild – Dackel Herkules – verändern! Oder glaubst Du etwa, Dein

Vorzimmerspiegel würde Dir immer noch ein grimmiges Gesicht zeigen können, wenn DU lächelst?

Du kannst den Schlüssel „ES (das Tier) = ICH“ immer gleich in der aktuellen Situation anwenden. Du brauchst weder Vorkenntnisse, noch Schulungen, noch irgendwelche Utensilien dazu. Vielleicht helfen Dir am Anfang ein paar kurze Notizen, wenn Du ein bestimmtes Verhalten Deines Haustiers beschreibst, das Dich ärgert oder stört. Ich kann es nicht oft genug betonen: Das, was Dich zum Beispiel an Deinem Wellensittich stört, ist ein Wesenszug von **Dir**, den DU Dir aufgrund eines negativen Glaubenssatzes zu leben verbietest!

Bei allen Entschlüsselungen gilt immer dasselbe Prinzip: Was ich meinem Hund verbiete, das versage ICH mir selbst. Was mich an meiner Katze aufregt, das nervt mich an MIR. Natürlich gilt das auch im positiven Sinn: Was ich an meinem Pferd besonders schätze, das schätze ich an mir. Was ich an meinem Goldhamster bewundere, das bewundere ich an mir selbst. Wie schon erwähnt, wollen wir uns aber in diesem Buch hauptsächlich mit den negativen Spiegelungen beschäftigen. Ich sehe darin wirklich die größten Chancen für uns, das Paradies auf Erden entstehen zu lassen, wenn immer mehr Menschen gewillt sind, sich von ihren lieblosen Überzeugungen zu trennen. Liebevolle Menschen, die sich ihrer Schöpferkraft als denkende Wesen bewusst sind, gehen mit Tieren genauso liebevoll um, wie mit sich selbst und ihren Mitmenschen. Ich weiß, meine Vision ist noch Zukunftsmusik. Trotzdem bitte ich Euch, meinen Glauben mit mir zu teilen: Gemeinsam mit dem lieben Gott schaffen wir es!

Lieblingstier – gehasstes Tier (Test)

In einer meiner Wiener Abendveranstaltungen im Club Vitalis habe ich mit einer Gruppe von achtzehn Personen ein Analogiespiel gemacht. Die Teilnehmer haben zuerst ihr Lieblingstier aufgeschrieben und dazu mindestens drei Eigenschaften, die sie an ihrem Favoriten besonders mögen oder gar bewundern. Die zweite Aufgabe bestand darin, jenes Tier anzugeben, das sie am meisten ablehnen und drei Eigenschaften, welche die bestehende Abneigung begründen. Als wir dann den illustren Zoo gemeinsam entschlüsselten, blickte mir nicht nur einmal ein verblüfftes Augenpaar entgegen. Ich empfehle Dir, dieses Spiel im Freundes- und Bekanntenkreis vorzuschlagen. Es wird Euch nicht nur Erheiterung bescheren, sondern SOFORT-Selbsterkenntnisse, die Euch nur so staunen lassen.

Ein Beispiel:

Walter B.

Mein Lieblingstier ist der HUND. Ich mag ihn, weil er *treu* ist und *gehorsam.* Ich bewundere seine *unerschütterliche Zuneigung.*

Was ich nicht mag, sind KRÖTEN. Sie sind *hässlich* und sie *lärmen.* Ihr Gequake stört mich.

Entschlüsselung für Walter B.

Ersetze Hund und Kröte durch das Wort ICH:

Ich mag mich, weil ich treu bin und gehorsam. Ich bewundere mich, weil meine Zuneigung zu mir und anderen, die ich mag, unerschütterlich ist. Was ich an mir nicht leiden kann, ist mein Aussehen. Ich finde mich hässlich. Auch spreche ich laut und viel, und das stört mich an mir.

Erinnerst Du Dich? Das, was ich an meinem Gegenüber wahrnehme, bin ich selbst. Es sind immer nur MEINE Gedanken über Mensch und Tier, über Gott und die Welt, die ich auf mein Gegenüber projiziere. Ich bin es, die MEINE Schokoladeseite an meinem Hund wahrnimmt und ich bin es genauso, die MEINEN Schatten einer harmlosen Kröte zuschreibt. Für Herrn Walter B., wie auch für die anderen Teilnehmer, war der Abend im Club Vitalis aber noch nicht zu Ende. Ich erwähnte schon, dass in jeder negativen Beschreibung meines Gegenübers UNSERE größte Chance liegt. Bleiben wir bei unserem Beispiel:

Walter B. findet sich hässlich. Da war also ein unbeachtetes NEIN in der Geisteshaltung des Herrn Walter B.: Das Nein zu seiner äußeren Erscheinung. Ich denke, wir haben alle schon oft genug gelesen, dass wir aufrichtig JA zu uns sagen sollen – und zwar in jeder Hinsicht! Deswegen empfahl ich Herrn B. das Wortspiel aus meinem Buch „Die Spiegelgesetz-Methode“: Ersetze das Wort „hässlich“ durch ein neutrales oder positives Wort. Da gibt es mehrere Möglichkeiten: Markant, außergewöhnlich, einzigartig … Es klingt ganz anders – und sagt doch dasselbe aus: Ich, Walter B., finde mein Äußeres MARKANT. Ich bin eine AUSSERGEWÖHNLICHE Erscheinung, irgendwie EINZIGARTIG und das ist OK!

Fällt Dir auf, was diese kleine Wortspielerei bewirkt? Sie verwandelt augenblicklich etwas Bedrückendes in etwas anderes, das eine wohltuende Wirkung verströmt. ICH sehe mich und dementsprechend auch mein Gegenüber mit neuen Augen! Auf einmal war es Herrn Walter B. möglich, sein Aussehen zu bejahen! Dennoch fragte ich Herrn B. nach den Kriterien eines Feschaks: „Wie hat ein toller Mann ihrer Meinung nach auszusehen?“ Antwort: „Sehr groß, muskulös, volles Haar.“ „Und wer bestimmt das?“ konfrontierte ich Herrn B. weiter mit seinem unbewussten Glaubenssatz. „Na die Frauen“ sprudelte er heraus. „Na und? Macht doch nichts Herr B.“ provozierte ich liebevoll weiter. Herr B. wirkte plötzlich nachdenklich: „Dann lerne ich ja nie eine kennen, so klein, wie ich bin und mit Stirnglatze“. Wieder folgte mein: „Na und? Dann lernen Sie halt keine Frau kennen. Und was ist dann?“ „Tja dann … dann denke ich mir zum hundertsten Mal Sch… Weiber! „Wir haben nun ihre tatsächliche Meinung über Frauen gehört, Herr B. Danke für ihre Bereitschaft, ihre negativen Gedanken über Frauen laut zu äußern.“ Infolge schrieb dann Herr B. *„Sch… Weiber!“* auf ein Kärtchen, das er verbrannte. Als neue Idee wählte er den Leitspruch: „Ich bin eine markante Erscheinung und das gefällt mir.“ Ich bin davon überzeugt, dass Herr B. von nun an kein Problem mehr mit dem Aussehen von Kröten hat. Warum, fragst Du? Weil wir

das, was wir an uns bejahen, auch an unserem Gegenüber willkommen heißen!

Herrn Walter B. störte es auch, dass er laut und viel redet. Da war wiederum ein unbewusstes NEIN in der Geisteshaltung des betroffenen Herrn: Das Nein, sich verbal laut ausdrücken zu dürfen. Das Nein, sich mitzuteilen und zu kommunizieren. Wie schon vorher erwähnt, ist es ein Zeichen von Liebe und Wertschätzung, wenn wir Ja zu uns sagen. Ein immer vollkommeneres Ja zu allem, was unser Wesen ausmacht. Ich forderte Herrn B. auf, sein unbeachtetes Urteil auszusprechen, das er gegen Menschen hegt und pflegt, die gerne laut und viel sprechen. „Die wollen sich ja nur wichtig machen!“ „Gut“, sage ich „das dürfen sie ja. Was ist schlecht daran, wenn sich jemand wichtig macht?“ „Das gehört sich nicht“ antwortet Herr B. „Wer sagt das?“ locke ich Herrn B. weiter in die Tiefe seiner negativen Geisteshaltung. „Na ja, alle. Dampfplauderer sind nicht erwünscht. Die mag keiner." „Na und? Dann mag sie halt niemand. Und was ist dann?" frage ich vorsichtig weiter. „Dann sind sie einsam, alleine, traurig, verlassen …" Herr B. verstummt plötzlich, dann sieht er mich an und sagt: „Ich glaube offenbar, dass mich kein Mensch mag, wenn ich rede, nicht wahr?" „Ja, das ist ihr Irrtum." antwortete ich. Herr Walter B. schrieb später seine falschen Gedanken auf ein Kärtchen: *„Nur wenn ich stumm bin, werde ich geliebt. Sprechen führt zu Einsamkeit. Alle verlassen mich."* Er bedankte sich beim lieben Gott für das Geschenk dieser Erkenntnis und verbrannte das Kärtchen. Infolge dessen stimmte er sich geistig neu ein: „Danke für meine Fähigkeit, laut zu sprechen." Und noch eine Schlussbemerkung von mir zu diesem Beispiel: Es ist unmöglich, dass sich Herr B. fortan von Krötengequake gestört fühlt. Warum das so ist?

Weil jedes JA ZU MIR in einem bestimmten Punkt auch ein JA ZU MEINEM Gegenüber ist – in genau diesem Punkt.

Ich erwähnte es schon. Dennoch kann ich es nicht oft genug betonen: Jeder UNBEWUSSTE, unbeachtete Gedanke oder Glaubenssatz bringt genauso eine Realität in meinem Leben hervor, wie ein bewusster. Und deswegen empfinde ich es als Gnade, wenn ich in völliger Wachheit eines meiner negativen Urteile aussprechen, akzeptieren und dann aufgeben kann, das ich vielleicht jahrzehntelang mit mir herumschleppte. Das ist wahrlich befreiend und verpflichtet mich zu innigstem Dank, den ich sofort zum lieben Gott schicke. Ich bedanke mich auch bei jedem vierbeinigen Gegenüber, das mir einen dunklen Punkt in meiner (!) Geisteshaltung spiegelt. Ich bin überglücklich, dass ich MICH immer und überall erkennen darf und unendlich dankbar für meine Begabung, Menschen für das Spiegelgesetz zu begeistern.

Ich halte es für die schnellste und einfachste Methode, mich von geistigen Irrtümern, Verboten und falschen Meinungen zu befreien.

Jedes Ja zu einem Du ist ein Ja zu mir.
Jedes Ja zu mir ist ein Ja zum Du.
Weil Du und ich eins sind.

Bobbie, das Krokodil

Vielleicht wunderst Du Dich, was ein Krokodil in diesem Buch verloren hat. Immerhin bestätigt dessen Titel, dass es hier um HAUS-Tiere geht. Trotzdem ist es wahr, dass Bobbie ein rechtmäßiger Platz in diesem Büchlein zusteht. Der Alligator war bis vor etwa zwei Jahren einer jener Dunkelziffer-Hausgenossen, die in Badewannen dahin vegetieren. Als seine Besitzer die Wohnung wechselten, kam die traurige Wahrheit ans Tageslicht. Das über einen Meter lange Krokodil fristete dort sein Leben, ohne die geringste Chance, sich in seinem weiß emaillierten Kerker zu bewegen. Liebe Leser/innen, bitte versteht mich richtig. Ich kritisiere nicht und ich verurteile auch nicht. Es liegt mir nur immens am Herzen, unsere Blindheit gegenüber Tieren aufzuzeigen – welche dieselbe Blindheit ist, die wir in vielen Punkten UNS gegenüber haben. Solange wir imstande sind, aus frei lebenden Geschöpfen „Haustiere" zu machen, die wir in Käfige, Badewannen oder winzige Schachteln sperren, solange sperren WIR uns ein! Im spirituellen Sinn bedeutet das: Ich verbiete MIR die Freiheit und setze mir engste Grenzen – und zwar in einem ganz bestimmten Bereich meines Lebens. Vielleicht verwehre ich mir, in einer Gesellschaft laut meine Meinung zu äußern. Oder ich beschneide meine Lebenslust. Es kann auch sein, dass ich mir kein übervolles Bankkonto erlaube oder Erfüllung im Beruf oder in der Partnerschaft. Was auch immer … es ist und bleibt MEIN geistiger Käfig, in dem ich solange eingesperrt bleibe, bis ich MEINE Geisteshaltung zum Thema „Freiheit" überprüfe und verwandle.

Wir wollen nun das Spiegelbild „Bobbie“ für den betroffenen Besitzer XY entschlüsseln.

<u>Schritt 1</u>

XY beschreibt sein Krokodil und ersetzt anschließend das Wort „Bobbie“ durch das Wort „Ich“: Bobbie liegt tagaus tagein nur da. Er kann sich nicht bewegen. Manchmal glaube ich, er wäre schon tot. = ICH liege tagaus tagein nur da. ICH bewege mich nicht. Manchmal glaube ich, ich wäre schon tot. = MEINE Geisteshaltung punkto Freiheit und Lebensfreude ist derzeit so eingeschränkt, dass ich kaum noch glückbringende Gedanken aufnehme. Lieber resigniere ich und fühle mich als Opfer meiner eigenen negativen Einstellung.

<u>Schritt 2</u>

XY akzeptiert die Situation „Krokodil in enger Badewanne“ als SEIN Spiegelbild, das er aufgrund einer unbeachteten, negativen Gedankenkonstruktion selbst hervorgerufen hat. Als nächstes entschlüsselt XY, was ihm Bobbie so klar und deutlich zeigt: Seine eigene Erstarrtheit und sein Tot-Stellen in einem ganz bestimmten Punkt. Folgende Frage beschert XY einen jähen Geistesblitz: „In welcher Angelegenheit würde ich lieber tot sein, als mich aus meiner Starre zu lösen und endlich zu handeln?“ XY: „Ich lebe seit zehn Jahren mit einer Frau zusammen, die ich nicht mehr liebe. Schon längst hätte ich ihr das sagen sollen. Aber ich bringe es nicht fertig, sie zu verlassen.“ Der unbewusste, negative Glaubenssatz von XY drängt an die Oberfläche: *„Männer, die ihre Frauen verlassen, sind Schweine.“* Und weil XY auf keinen Fall als ein solches gelten möchte, stellt er sich seiner Frau gegenüber lieber tot, als sich für Freiheit und Lebenslust zu entscheiden.

Schritt 3

XY bedankt sich für das Geschenk dieser Erkenntnis. Er schreibt seinen geistigen Irrtum auf ein Kärtchen und verbrennt es.

Schritt 4

XY stimmt sich gedanklich neu ein: *„Freiheit ist Gottes Geschenk für mich. Danke."*

Bobbie, das Krokodil, hat seine Spiegelbildfunktion voll Hingabe erfüllt. Viele Monate lang harrte es geduldig in seinem Kerker aus, um XY eine Liebesbotschaft zu überreichen. Heute lebt Bobbie im Wiener Tierschutzhaus. Dort wird er geachtet und artgerecht behandelt, so wie es einem Gottesgeschöpf zusteht: Mit Liebe. Und noch eine Schlussbemerkung zu diesem Kapitel: Sollte in XY irgendwann wieder der Wunsch aufkeimen, mit einem Tier zusammen zu leben ... wird es wahrscheinlich ein Hund oder eine Katze sein, ganz bestimmt kein Käfig-Tier. Warum, fragst Du? Weil XY aufgrund seiner *neuen, liebevollen Geisteshaltung* zum Thema „Freiheit" automatisch eine *neue, liebevolle Ursache* setzt, die eine dementsprechend *neue, liebevolle Realität* in seinem Leben hervorruft!

So einfach ist das.

Hund

Wir saßen schon öfter im Freundeskreis beisammen, um über Haustiere zu sprechen. Den Hund beschreiben die meisten als anpassungsfähig, folgsam, treu und wachsam. Viele wussten auch, dass sich die meisten Hunde in Gesellschaft anderer wohl fühlen. Der Hund ist im Grunde seines Herzens kein Einzelgänger, meistens auch kein Individualist – sondern ein Rudeltier. Die Rangordnung ist dabei von größter Wichtigkeit. Wer ist der Rudelführer? Und wer hat zu gehorchen, damit die Gemeinschaft funktioniert? Der Hund ist immer noch eines unserer beliebtesten Haustiere. Ich denke, weil er den Menschen als seinen Herrn und somit als Rudelführer (großteils) fraglos akzeptiert. Der Hund ist sowohl Gefährte, wie auch Spielkamerad, Wächter und nicht zuletzt ein treuer Freund. Nicht nur einmal saß ein Hund tagelang am Grab seines verstorbenen Herrn. Nicht nur einmal lief ein Hund hunderte Kilometer, um seine Familie wieder zu finden. Bestimmt kennst Du einige dieser berührenden Geschichten, die der Öffentlichkeit meinem Empfinden nach zu selten präsentiert werden.

Was bedeutet es nun im analogen Sinn, wenn jemand einen Hund allen anderen Haustieren vorzieht? Warum fühlt sich Herr A oder Frau B zu einem Hund hingezogen und nicht zu einer Katze, einem Papagei oder einer Ratte? Ich interpretiere das so:

Herr A sieht in seinem Hund hauptsächlich jene Eigenschaften gespiegelt, die er an sich selbst schätzt und bewundert. Er schafft sich ein lebendiges Spiegelbild, mit dem er sich leicht identifizieren kann. Natürlich spielt dabei die

Auswahl der Rasse eine ganz besondere Rolle. Denn es ist ein Unterschied, ob sich Herr A einen bewegungsfreudigen Windhund zulegt oder einen kuscheligen Malteser. Ich persönlich habe meine eigene Meinung zur Auswahl einer bestimmten Rasse. Bei mir hat eher die Bedürftigkeit des Tieres nach einem Zuhause den Vorrang. Ob das nun ein Dackel ist, der mich sehnsüchtig anschaut, oder ein Mischlings-Struppi … was soll`s? Es ist nämlich MEIN Bedürfnis nach Geborgenheit in einem kuscheligen Nest, das ich da gespiegelt sehe.

Nehmen wir an, Herr A spürt ein immenses Verlangen nach einem kleinen, weißen Malteser. Kennst du diese herzigen Wollknäuel mit schwarzen Augen, wuscheligem Fell, kurzen Beinen und einem lustigen Schweif? Diese gutmütigen Kleinhunde sind ideale Spielgefährten und meistens auch Schmusehunde. Herr A ist sich wahrscheinlich nicht im Klaren darüber, dass er mit seinem Malteser einen ihm entsprechenden Hund gekauft hat. Jedesmal, wenn er Bessi ansieht, könnte er einen Rückschluss auf sich selbst ziehen. Seine Bereitschaft, das Spiegelgesetz anzuwenden, natürlich vorausgesetzt. Was Herr A an seiner Bessi liebt … das liebt er an sich selbst: Gutmütigkeit, idealer Spielkamerad, schmust gerne, herzig anzusehen, kleinwüchsig, daher praktisch … usw. Was Herr A an seiner Bessi weniger mag … das mag er auch an sich selbst nicht: Häufiges Bellen, macht sich leicht schmutzig, gehorcht ungern, will nicht alleine bleiben, jault … usw. Solange Herr A mit Bessi`s Schattenseiten umgehen kann, ohne sich zu ärgern oder einen Wutanfall zu inszenieren … ist Herr A nicht nur mit seiner Schokoladeseite im Reinen, sondern auch mit seinen weniger perfekten Eigenschaften. In dem Fall würde ich zustimmen, dass sich Herr A akzeptiert, so wie er eben ist. Anders verhält sich die Sachlage … würde Herr A jedesmal explodieren, wenn Bessi ihr großes Bedürfnis nach Gesellschaft heraus jault, sobald man sie alleine in der Wohnung zurücklässt. In dem Moment Herr A mit negativen Gefühlsaufwallungen zu kämpfen hätte, wenn sein Hündchen absolut nicht alleine bleiben möchte … wäre der ideale Zeitpunkt für Herrn A, einen Blick in den Haustier-Spiegel zu riskieren: Es ist nämlich das große Bedürfnis des Herrn A (!) nach Gesellschaft, nach Gemeinschaft, nach Zweisamkeit … eben seine Bedürftigkeit nach menschlicher Nähe … die ihm Bessi so deutlich vor Augen hält. Dank seiner Hündin, könnte Herr A sofort, mühelos und leicht zwei Kunststücke vollbringen: 1. Seine Sehnsucht nach Nähe und Geborgen-Sein in einer Gemeinschaft wahrnehmen – und 2. herausfinden, was er schlecht daran findet. In der Geisteshaltung des Herrn A muss sich ein Irrtum befinden, mit dem er sich selbst die Erfüllung seines Nähebedürfnisses versagt. Und diesen geistigen Fehlschluss gilt es, zu äußern und aufzugeben.

Erinnerst Du Dich? Was ich an meinem Haustier kritisiere … das kritisiere ich an mir selbst. Heftige Emotionen gegenüber bestimmten Verhaltensweisen unserer Tiere, sind überdeutliche Zeichen dafür, dass wir *uns selbst genau das nicht erlauben, was das Tier macht.* Wir verbieten unserem Hund, was wir uns selbst verbieten! Im Fall des Herrn A: Er verbietet sich, sein Grauen vor dem Alleingelassen-Werden herauszuweinen. So einfach ist das. Würde Herr A sein Bedürfnis nach ständiger Gesellschaft aufrichtig bejahen … dann wäre er auch imstande, seinen winselnden Hund aus tiefstem Herzen zu verstehen – und ihn keinesfalls mehr alleine lassen.

Bleiben wir bei diesem Beispiel. Nehmen wir an, Herr A rastet jedesmal aus, wenn sein weißes Malteser-Mädchen als schmutzig-grauer Staubwedel vom Garten hereinstürmt

… weil es so schön war, im Gebüsch zu schnüffeln und sich am regennassen Boden zu wälzen. Die heftigen Emotionen des Herrn A wären ein untrügliches Zeichen dafür, dass da ein Problem vorliegt. Aber nicht beim Hund, sondern in der Geisteshaltung des Herrn A! Sein negatives inneres Zwiegespräch könnte sich etwa so anhören: „Ich will jetzt spielen! Mach Dich ja nicht schmutzig, sonst gibt es Prügel." In den Gedanken des Herrn A regiert ein Verbot, das vermutlich aus seiner Kindheit stammt. Jedesmal, wenn er sich beim Spielen beschmutzt hatte, gab es eine Ohrfeige. Und obwohl Herr A inzwischen längst kein kleiner Junge mehr ist, sondern ein erwachsener Mann, bestimmt noch immer dieselbe Böswilligkeit seine Gedanken. Natürlich zeigt sich das auch im Umgang mit seinem Hund.

Irgendwo habe ich einmal das Wort „Psychodrama" gelesen. Ja, es sind fürwahr Dramen, die sich manchmal in unserer Gefühlswelt abspielen. Glaube mir, ich weiß, wovon ich rede. Schließlich habe ich jahrelang selbst solche Dramen inszeniert. Aber nicht nur das – ich war auch Hauptdarstellerin! Der liebe Gott wollte dabei nicht mehr länger zusehen … und deswegen hat er mir im Sommer 1991 gezeigt, dass es überhaupt keine Psychodramen gibt – außer in meiner eigenen (!) Illusion. Ich denke, es passt jetzt, wenn ich den „Kurs in Wunder" zitiere:

Alles hat immer nur die Bedeutung,
die **ich** ihm gebe.

In der Regel ist es so, dass wir unsere Aktionen auf vergangene Erfahrungen stützen – leider. Denn damit inszenieren wir die Vergangenheit aufs Neue. Warum? Weil wir dieselben (negativen) Gedanken aussenden, wie damals. Die „alte" Ursache ist wieder gesetzt, das negative Samenkorn ausgestreut … dementsprechend erleben wir dieselbe negative Situation. Vielleicht mit anderen Akteuren, aber uns bleibt die Hauptrolle! Liebe/er Leser/in, das bisschen Ironie kann ich mir nicht verkneifen, weil ich Dich wachrütteln möchte. Denn es gibt einen Ausweg aus diesem Teufelskreis. Du brauchst nur anzuerkennen, dass DU es bist, der Tatsachen erschafft! Es ist DEIN Glaube an das Böse oder Gute, mit dem Du Deine Psychodramen erzeugst oder den Himmel auf Erden. Es sind die negativen Glaubenssätze des Herrn A (!), die ihn zum Bestrafen seines Hundes veranlassen … wenn dieser jault oder sich schmutzig macht. Ich formuliere diese Glaubenssätze nochmals, damit Du leicht und rasch begreifst, welchen geistigen Schöpfungsakt Herr A damit vollbringt: „Alleine sein und weinen ist schlecht. Alleine sein und sich beherrschen ist gut. Im Freien spielen und sich schmutzig machen ist böse. Brav zu Hause sitzen, ist gut." Herr A glaubt also dasselbe von sich, wie von seinem Malteser: „Ich bin einer guter Mensch, wenn ich mich trotz meinem Bedürfnis nach Gesellschaft alleine zu Hause beherrsche. Ich bin ein schlechter Mensch, wenn ich meinem Bedürfnis nach Nähe nachgebe und womöglich auch noch weine. Ich bin ein guter Mensch, wenn ich auf Albernheiten verzichte und stets perfekt gekleidet bin. Ich bin ein schlechter Mensch, wenn ich Unfug treibe und mich in schmutzigen Hosen zeige." Das Spiegelgesetz ist so einfach. Herr A müsste sich eigentlich nur selbst zuhören, wenn er mit seinem Hund spricht: „Böser Hund! Du jaulst ja schon wieder! Schlimmer Hund, hast Dich schon wieder dreckig gemacht!" – oder: „Braver Hund! Warst heute sieben Stunden alleine und hast keinen Laut von Dir gegeben. Guter Hund … während die anderen Hunde auf der Wiese herumtollen, befolgst Du brav und gehorsam meinen Befehl „Sitz" …

Im liebe-VOLLEN oder lieb-LOSEN Umgang mit unseren Hunden erkennen wir unser Feeling für uns selbst. Wir brauchen überhaupt nichts können, um den Haustier-Spiegel zu entschlüsseln. Vielleicht etwas Mut und jene kleine Bereitwilligkeit, die auch im „Kurs in Wundern" immer wieder erwähnt wird: „Es genügt Deine kleine Bereitwilligkeit. Den Rest macht der liebe Gott für Dich." Sei also bereit, im schläfrigen Blick Deiner Dogge Deine eigene Müdigkeit zu erkennen ... in der Fresssucht Deiner Bracke Deine eigene Unmäßigkeit ... im freudigen Hochspringen Deines Schäferhundes Deine eigene Wiedersehens-Freude ... in der Trägheit Deines Schnauzers Deine eigene Passivität in einem ganz bestimmten Punkt ...

Ich schlage Dir ein Spiel vor, das bestimmt auch im Freundes- und Bekanntenkreis willkommen ist und für Heiterkeit sorgt. Schreibe alle Eigenschaften Deines Hundes auf, die Dir besonders auffallen (positiv und negativ). Schließe das Spiel mit folgenden Worten ab: „Aha, ICH bin .... (setze die Eigenschaften ein, eine nach der anderen)." Achte besonders auf die „negativen" Verhaltensweisen Deines Hundes. Das sind jene, die DU Dir immer noch nicht gestattest, anstatt sie aus vollstem Herzen zu bejahen.

Killerhund

Besonders in den letzten Wochen ein brisantes Thema: Der Killerhund. Kaum eine Tageszeitung ließ es beiseite. Fernsehen und Rundfunk spielten jede neue Katastrophe derart hoch, dass sogar mancher Passant vor unserer kleinen Bonnie zurückwich ... obwohl sie ein besonders kleiner Yorkshire-Terrier ist und kein Pitbull, Rottweiler oder Riesenschäfer. Ein friedliches Miteinander von Mensch und Hund liegt uns allen am Herzen, nicht wahr? Nur – wo beginnt der Friede? Ist es richtig, wenn wir die Verantwortung für`s Zubeißen unserem Hund zuschieben? Können wir unseren Vierbeiner wegen seines aggressiven Verhaltens zur Rechenschaft ziehen? Wie viele Hunde mussten schon getötet werden, weil deren Besitzer die Herrschaft über ihre Tiere verloren haben. Die „Waffe Hund“ scheint „in“ zu sein, wahrscheinlich wegen ihrer vielen Vorteile! Immerhin benötigt der Besitzer dafür keinen Waffenschein. Er hat eine Waffe UND zugleich einen treu ergebenen Freund. Selbstverständlich ist auch das positive Image garantiert. Denn es ist ein gravierender Unterschied, ob jemand mit einer Pistole herumläuft oder mit einem Hund, oder etwa nicht?

In Wirklichkeit passiert meiner Ansicht nach jedesmal ein Verbrechen gegen ein Gottesgeschöpf, wenn jemand seinen Vierbeiner auf Angriff trimmt. Warum? Weil dieser Jemand seinem Spiegelbild „Hund“ ununterbrochen vermittelt, dass die Welt ein böser Ort ist! Selbst wenn ich alleine gegen den Strom schwimmen müsste ... ich behaupte: Die Welt ist ein wunderschöner Ort, an dem es sich lohnt, glücklich zu sein.

Mein tiefes Mitgefühl gilt nicht nur den armen Hunden, die wegen ihrer Beißlust zuerst bewundert, dann gefürchtet und schließlich getötet werden, sondern deren Besitzer! SIE sind es, die von der Schlechtigkeit der Menschen überzeugt sind. SIE sind es, die allerorts Feinde vermuten, weil sie ihre Geisteshaltung auf Kampf programmiert haben. Die Besitzer von sogenannten Killerhunden sind selbst die Killer, das wage ich hier auszusprechen. Es stimmt schon, dass sich bestimmte Hunderassen aufgrund ihres Körperbaus und ihrer Kraft besonders gut zum Kämpfen eignen. Das läßt sich weder abstreiten, noch negieren. Was ich aufzeigen möchte, ist der Missbrauch dieser Tiere! Im Tierasyl in Gramont, einem Vorort von Paris, werden besonders viele Hunde abgegeben, die früher als Kampfhunde missbraucht wurden. Wegen unzähliger Bisswunden für weitere Blutspektakel untauglich geworden, fristen sie dort vergitterten Mini-Zellen ihre letzten Tage. Manche springen sechs bis acht Stunden lang an die Decke ihrer engen Behausung, um sich dort oben mit den Zähnen im Stahlgitter zu verbeißen … bis sie sich endlich zu Tode erschöpft auf dem Betonboden zusammenkringeln. Von ihrem einstigen Besitzer – oder besser Benützer – im Stich gelassen, und ohne die geringste Chance, ein neues Zuhause zu finden. Mir sind die Tränen in die Augen geschossen, als ich Coco vor kurzem in einer Reportage im Fernsehen sah. Der Pitbull-Rüde hatte nur noch ein Auge. Seine Lefzen waren von blutigen Narben übersät. Er stand auf seinen Hinterbeinen, die Vorderpfoten streckte er hoch nach oben. Ich verstand, was Coco damit signalisierte: „Ich bin zu jedem Kunststück bereit! Nur bitte, bitte hol mich hier heraus!“ Armer Coco, Du hast mein innigsten Mitgefühl. Wahrscheinlich wirst Du nie wieder frei sein, weil Dich ein Mensch zu dem gemacht hat, was Du heute bist: Ein Hund, den keiner mag.

Ehrlich gesagt, fällt es mir jetzt schwer, das Spiegelgesetz anzusprechen. Ich berühre damit meinen wundesten Punkt: Die von uns Menschen missbrauchten, benützten, ausgebeuteten und im Stich gelassenen Tiere. Ich kann und will mich von diesem erschütternden Spiegelbild nicht abwenden, obwohl es mir fast das Herz zerreißt. Aber – auch ich bin ein Teil jener Menschheit, die gegenüber Tieren noch immer blind und taub ist. Auch in meiner Geisteshaltung gibt es bestimmt noch Überzeugungen, die mit wirklicher Tierliebe wenig zu tun haben. Auch ich bin am kollektiven Unbewussten beteiligt, das uns viel zu oft vergessen lässt, wen wir da in Gestalt eines Hundes, einer Katze, eines Vogels, eines Pferdes, eines Schweines, einer Kuh, eines Huhns, eines Goldhamsters, eines Hasen … wirklich vor uns haben: Ein unschuldiges Gottesgeschöpf, das UNSERE Liebe wahrlich verdient! Hätte Coco`s Besitzer nur einen Hauch davon gespürt, wäre es ihm unmöglich gewesen, sich seines schwer verletzten Hundes zu entledigen, als wäre er ein kaputter Gartenschlauch, der zu nichts mehr taugt …

Wo beginnt der Friede? Ich wage einen kurzen Blick in das Bewusstsein von Menschen, die Kampfhunde züchten, besitzen oder trainieren. Um das Entschlüsseln zu vereinfachen, wähle ich Herrn Z, Besitzer eines Bullterriers.

<u>Schritt 1</u>

Z beschreibt seinen Hund „Aron“ und setzt anschließend das Wort „Ich“ ein:

Aron ist ein sehr scharfer Hund. Auf meinen Befehl greift er an, beisst zu und wenn es sein muss, tötet er auch. Niemand kann mit ihm umgehen, außer ich. Ich halte ihn von anderen Hunden fern. Wozu braucht er das? Er bekommt sein Futter und seinen Auslauf und Punkt. = ICH bin ein sehr scharfer … ICH befehle mir anzugreifen. ICH beiße zu und wenn es sein muss, töte ich auch. Niemand kann mit mir umgehen, außer ich selbst. ICH halte mich von anderen fern. Wozu brauche ich das? Ich esse und bewege mich und Punkt. = Meine Geisteshaltung ist auf Befehlen, Angreifen, Verletzen und Töten und Einsamkeit programmiert – anstatt auf LIEBE.

Schritt 2

Z akzeptiert das Spiegelbild „scharfer Hund" als reale Folge SEINER negativsten Gedanken. Als nächstes entschlüsselt Z, was ihm Aron so deutlich zeigt: Seine eigene Angriffslust, seine eigene Gefährlichkeit und sein Verlangen, zu töten. Z stellt sich folgende Fragen: „Wovor fürchte ich mich so sehr, dass ich angreifen muss oder gar töten? Wer oder was verletzt mich derzeit so sehr, dass ich lieber einsam und alleine bin, anstatt Freunde zu haben?" Z: „Meine Verlobte hat mich wegen eines anderen Mannes verlassen. Ich habe die beiden in flagranti erwischt. Für mich ist eine Welt zusammengebrochen. Seither kapsle ich mich ab, aber – würde ich meine Ex irgendwo treffen, wäre ich zu allem fähig." Die negative Geisteshaltung von Z ist auf einmal präsent: *„Nur Idioten vertrauen den Menschen."* Auf keinen Fall möchte Z als ein solcher gelten. Als Folge SEINER (!) eigenen, negativen Gedanken, greift er lieber an und lebt zutiefst verletzt in völliger Isolation.

Schritt 3

Z bedankt sich für das Geschenk dieser Erkenntnis. Er schreibt seinen negativen Glaubenssatz „Nur Idioten vertrauen" auf ein Blatt Papier, verabschiedet sich davon und übergibt es den Flammen.

Schritt 4

Als Starthilfe für einen neuen Lebensabschnitt wählt Z folgenden Leitgedanken: *„Ich bin bereit zu vertrauen, damit ich mich von Tag zu Tag sicherer fühle."*

Aron hat seinem Herrn ein großartiges Geschenk überreicht. Das Geschenk, sich selbst im Spiegel sehen zu dürfen. Z sah in seinem Hund jene kampflustige, von der Gemeinschaft isolierte, zutiefst verletzte Kreatur gespiegelt ... die er selbst war.

An dieser Stelle bedanke ich mich von ganzem Herzen bei den Angestellten und Tierpflegern des Tierasyls in Gramont, die aufgrund ihres liebevollen Einsatzes, ihrer unermüdlichen Hingabe und ihres unerschütterlichen Glaubens an das Gute im Menschen zwei ehemalige Kampfhunde an neue Besitzer vermitteln konnten. Nach einem Flug von etwa einer Stunde erreichten Chuck und Dijon ihr neues Zuhause, wo sie derzeit als Suchhunde ausgebildet werden.

Schoßhündchen

Unser Winzling zittert manchmal, wenn wir mit öffentlichen Verkehrsmitteln unterwegs sind. Während ich Bonnie das Köpfchen kraulte, registrierte ich im Stillen den spöttischen Kommentar einer älteren Dame, die mir in der U-Bahn gegenüber saß: „Na Du lässt Dich vielleicht verhätscheln. Das ist ja lächerlich. Wenn das jeder täte, wo kämen wir dann hin!" Früher hätte ich die Bemerkung der Fremden bestimmt persönlich genommen. Dieses Mal schickte ich ein Dankeschön zum Himmel und lächelte, weil mir bewusst war, dass diese Du-Botschaft keinesfalls für Bonnie oder für mich bestimmt war.

Ich denke, es passt jetzt, wenn ich noch einmal auf die vielen Du-Er-Sie-Es-Botschaften eingehe, mit denen wir tagtäglich konfrontiert werden. Wie viele Ärgernisse wären augenblicklich aus der Welt geschafft, würden immer mehr Menschen erkennen, dass

der/diejenige, der/die eine Kritik, eine Schuldzuweisung oder ein Schimpfwort ausspricht, ein Selbstgespräch führt!

„Du bist schuld" bedeutet in Wirklichkeit „ICH bin schuld". „Du (Schoßhündchen) bist ja lächerlich" = „ICH bin (mache mich … wirke ja …) lächerlich". Eine Du-Botschaft wird **erst dann** zu MEINER Wahrheit … wenn ICH (!) sie bejahe. Sage ich hingegen Nein dazu, dann bleibt die Du-Botschaft was sie ist: Ein Selbstgespräch desjenigen, der sie ausspricht. Ich sehe darin den Beweis, warum Kindererziehung mit Du-Botschaften nicht funktionieren kann – es sei denn, sie werden in die Kinder hineingeprügelt. Aus Angst vor noch mehr Bestrafungen, nimmt das

Kind die negative Du-Botschaft seiner Eltern, zum Beispiel: „Du bist und bleibst ein Versager“ als wahr an. Längst erwachsen geworden, sind Hans oder Grete noch immer davon überzeugt, klägliche Versager zu sein … obwohl das überhaupt nicht stimmt, weil es deren Eltern waren (!), die versagt haben.

Zurück zum Schoßhündchen. Sehen wir uns die Frau aus der U-Bahn näher an, die in meinem Hund eine schlechte Meinung von SICH SELBST gespiegelt sah. Sie verwendete Klein-Bonnie eigentlich nur als Projektionsfläche. Mit der Spiegelgesetz-Methode in vier Schritten gelingt es ganz leicht, die negativen Gedanken der Dame aufzustöbern. Ich nenne sie Frau A.

Schritt 1

A beschreibt ihr winziges, vierbeiniges Gegenüber: “Du lässt Dich nur verhätscheln! Das wirkt ja lächerlich!“ A ersetzt dann das Wort „Hund“ durch das Wort „Ich“ = „Ich lasse mich nur verhätscheln! Das wirkt ja lächerlich!“

Schritt 2

A akzeptiert das Spiegelbild „Schoßhündchen“ als konkrete Verwirklichung eines eigenen, lieblosen Urteils zum Thema „Streicheln und Liebkosen“. Die Frage „Was habe ICH an Menschen (Tieren) auszusetzen, die sich so richtig verwöhnen lassen?“ beschert A sofort einen Geistesblitz: „Die taugen zu nichts. Sind im Grunde nichts wert. Leben bedeutet harte Arbeit.“ Dank meines Hundes stößt A in nur wenigen Minuten auf ihren eigenen, negativen Glaubenssatz, den sie bislang beiseite geschoben hatte: *„Menschen (Lebewesen), die sich verwöhnen, sind schlecht. Nur Menschen (Lebewesen), die hart arbeiten, sind gut und wertvoll.“*

Schritt 3

A bedankt sich für das Geschenk dieser Erkenntnis und verabschiedet sich von ihrem geistigen Irrtum, indem sie als symbolische Handlung ein Kärtchen verbrennt, auf das sie ihr Urteil über „gut“ und „schlecht“ (siehe oben) geschrieben hat.

Schritt 4

A ist jetzt bereit für etwas Neues. Sie ist bereit, ihre Geisteshaltung punkto „Verhätscheln, Verwöhnen, Zärtlichkeit annehmen“ zu verändern. Als mentale Stütze für diesen Neubeginn wählt sie den Leitspruch: *„Es ist in Ordnung, sich verwöhnen zu lassen. Auch mir gelingt das immer besser. Danke!“*

Sollte Dir also irgendwann eine Katze, ein Hase, ein Meerschweinchen, ein Hamster oder eben ein Hündchen auf die Nerven gehen, weil sich das Tier auf der Schoß seines Besitzers genüsslich kraulen und verwöhnen lässt ... halte bitte inne, bevor Du Dich darüber aufregst. Bedanke Dich lieber bei Deinem pelzigen Spiegelbild, denn es hält ein großartiges Geschenk für Dich bereit. Mit ein bisschen gutem Willen gelingt es Dir ganz bestimmt, Dein eigenes (!) Bedürfnis nach Zärtlichkeit und Nähe zu spüren, dessen Befriedigung DU Dir versagst!

Nur das, was ich an mir selbst ablehne ...
das lehne ich auch an anderen (Menschen, Tieren) ab.

Ob diese anderen nun Personen sind, oder Tiere, ist unerheblich. Tatsache bleibt, dass es DICH stört, wenn zum Beispiel Deine Freundin stundenlang ihr Hündchen flauscht, das vor lauter Vergnügen sein Bäuchlein nach oben dreht und seufzt. Tatsache ist auch, dass DU es bist, der gerne den Platz des Hundes einnehmen würde. Und das kann Dir sofort gelingen, wenn **DU** Dein Verbot herausfindest, mit dem Du Dir selbst Zärtlichkeit und Nähe verwehrst. Was ist schlecht daran, sich streicheln zu lassen? Irgendwann einmal hat jemand Dein Bedürfnis nach Berührung ausgenützt. Doch dieser Jemand gehört zu Deiner Vergangenheit, das unschöne Erlebnis ist längst vorbei. Nur in Deiner Illusion existiert jetzt noch immer der falsche Glaube, dass Berühren zu nichts Gutem führt. DAS ist Dein Irrtum, den Du Dir jetzt sofort bewusst machen und aufgeben kannst. Danach wähle noch einmal. Wähle, was DU gerne erleben würdest und was DU brauchst, um so richtig glücklich zu sein. Damit nimmst Du das größte Geschenk Gottes an Dich in Anspruch: Die Macht, jederzeit eine neue Entscheidung treffen zu können.

Die Macht der Entscheidung ist Dein.

(aus: Ein Kurs in Wundern)

Katze

Im Club Vitalis findet sich unter meiner Leitung oftmals eine bunte Runde zusammen. Besonderen Anklang finden nicht nur die Tages-Workshops zum Thema Spiegelgesetz, sondern auch verschiedene Analogiespiele, die ich zum Teil selbst erfinde. Wenn ich die Leute frage, was sie an Katzen ganz besonders mögen oder gar bewundern, antworten die meisten: „Katzen sind eigenwillig, sie lassen sich nicht dressieren." Abgesehen von weiteren Eigenschaften der Hauskatze … sauber … stolz … weich … verspielt … rangiert die Eigenwilligkeit eindeutig an erster Stelle der geliebten Eigenschaften. Selbstverständlich haben wir es auch hier mit einem Spiegelbild des Besitzers zu tun: Jemand, der Minka`s Eigenwilligkeit liebt … der liebt auch seine eigene Willenskraft oder ist auf dem besten Weg, diese zu entwickeln. Meine Beobachtungen bestätigen, dass Personen, die sich zu Katzen hingezogen fühlen, manchmal Schwierigkeiten mit der Hingabe haben. Auf den lieben Gott zu vertrauen, auf das Gute, das Leichte, das Einfache … scheint Katzenliebhabern seltener zu gelingen, als anderen Haustierbesitzern. Bitte verstehe mich jetzt richtig. Das ist völlig in Ordnung und keinesfalls Anlass für Kritik oder düstere Gedanken. Mir fiel bloß dieser Zusammenhang auf.

Katzen gehorchen nicht. Sie machen, was sie wollen. Als ich vor geraumer Zeit meine Freundin Toni besuchte, fand ich sie haareraufend vor ihrem übervollen Schreibtisch. „Seit einer Stunde komme ich zu nichts! Shiva legt sich immer wieder auf die Computer-Tastatur!" Ich musste lachen, als ich Toni`s Glückskatze dort sah. Sie ließ sich von Frauchen ihr schneeweißes Bäuchlein kraulen und schnurrte vor Vergnügen! Shiva war es völlig egal, was nun mit der unerledigten Post passieren sollte. Sie wusste, was SIE wollte und setzte es auch durch – ungeachtet sämtlicher Erziehungsmaßnahmen, wie zum Beispiel gutes Zureden oder Runterschubsen …

Was würde es nun im Spiegel bedeuten, wenn sich jemand über die Undressierbarkeit seiner Samtpfote ärgert? Oder gar mit härteren Erziehungsmitteln versucht, seiner Katze das Folgen beizubringen? Ein Beispiel:

B (= Besitzer) regt sich maßlos darüber auf, dass sich seine K (Katze) am liebsten auf dem Couchtisch sonnt. Ungeachtet der Computerzeitschriften, die sich darauf türmen … der Fernbedienung für den Video-Rekorder … des Aschenbechers und des Trockenblumengestecks … legt sich K mitten darauf und hält ihr Mittagsschläfchen. Mindestens 5mal am Tag jagt B seine K von dort weg. Er brüllt sie an, und wenn das nichts nützt, verwendet er die Tageszeitung für einen saftigen Klaps auf Ks Rücken. „Ich werde Dir schon noch das Folgen beibringen“ droht er K, „das schwöre ich Dir!“

<u>Schritt 1</u>

B beschreibt wie oben das Verhalten seiner Katze und ersetzt dann das Wort „Katze“ durch das Wort „Ich“. ICH mache es mir dort gemütlich, wo es MIR gefällt. MIR ist egal, was dort alles herumliegt. ICH jage mich von dort weg. ICH brülle mich an, ICH schlage mich (= bestrafe mich) … weil ich tun will, was ICH für gut und richtig halte.

<u>Schritt 2</u>

B akzeptiert seine Katze als ein ihm exakt entsprechendes Spiegelbild: „ICH habe mir genau diese Katze geholt, um einen Teil von MIR gespiegelt zu sehen.“ Die Frage:

„Warum regt es mich so auf, dass K tut, was sie will?" beschert B noch im selben Moment einen Geistesblitz. Augenblicklich sprudeln seine negativen Gedanken zum Thema „Den eigenen Willen durchsetzen" heraus: „Wenn jeder seinen Willen durchsetzen würde, wo kämen wir dann hin? Ich habe sehr wohl gelernt, zu gehorchen! Mein Vater hat`s in mich hineingeprügelt." B erkennt seinen gebrochenen Willen, den er **heute noch** – als 40jähriger – **als gegebene Tatsache annimmt**, obwohl seine traumatischen Erlebnisse 30 Jahre zurückliegen. Sein negativer Glaubenssatz *„Eigenwilligkeit ist etwas Böses"* wirkt immer noch in seiner Gesinnung. Deshalb verurteilt er sowohl seine eigene Willenskraft, wie auch die seiner Katze … anstatt die Liebesbotschaft seines Haustiers anzunehmen, welche lautet: Schau her, ich bin DEIN Spiegelbild! Und ich habe sehr wohl einen eigenen Willen, den ich auch durchzusetzen vermag. Und genau das kannst Du auch!

<u>Schritt 3</u>

B bedankt sich dafür, dass er seine negative Einstellung herausgefunden und geäußert hat. Er entscheidet sich, sie aufzugeben. Als Zeichen seines Entschlusses verbrennt er ein Kärtchen mit den Worten „Es ist schlecht und böse, einen eigenen Willen zu haben".

<u>Schritt 4</u>

B ist nun bereit, seine Geisteshaltung auf etwas Positives zu konzentrieren. Er wählt den Leitspruch: *„Gott schenkte mir einen Willen, damit ich ihn gebrauche!"*

Du siehst, wie einfach es ist und wie rasch es gelingt, wenn wir unseren Blick um 180 Grad wenden – auf uns selbst! Was uns an unseren Haustieren aufregt … ist immer das, worüber wir uns AN UNS SELBST ärgern. Anstatt **wertfrei** auf unseren Freund zu blicken, damit wir uns selbst ebenso wertfrei im Spiegel sehen und die Liebesbotschaft – das Geschenk unseres Gegenübers – begreifen! In unserem Beispiel wollte B die Liebesbotschaft seiner Katze über einen längeren Zeitrum keinesfalls annehmen. Er war im Gegenteil darauf fixiert, seinem vierpfötigen Spiegelbild – und somit auch sich selbst (!) – unbedingten Gehorsam beizubringen. Erst das Zurücknehmen seines Urteils „Eigenwilligkeit ist schlecht" schob den schwarzen Vorhang zwischen ihm und seinem Haustier-Spiegel zur Seite und das Geschenk wurde sichtbar. Er sieht jetzt in seiner Katze das, was er selbst ist: Ein lebendiges Wesen voller Willenskraft und einer großen Portion Durchsetzungsvermögen. DAS ist das wirkliche und wahre Spiegelbild – die Liebesbotschaft!

Zimmertiger

Frau P. berichtete mir vom seltsamen Verhalten ihrer Katze: „Lisa ist scheu. Sie verkriecht sich meistens hinter dem Sofa oder anderswo. Ihr Blick ist oft so traurig. Ich glaube, sie fühlt sich sehr einsam." Später erfuhr ich, dass Familie P. daraufhin einen zweiten Zimmertiger aufgenommen hatte: Kater Salomon, den ersehnten Gefährten für Lisa. Selbstverständlich gönnte Familie P. den beiden eine Aneinander-Gewöhnungszeit. Als jedoch nach fünf Monaten Lisa`s Verhalten noch immer dasselbe war … trotz Salomon`s liebevollen Annäherungsversuchen … bat mich Frau P., das Spiegelbild „traurige, scheue, lustlose Katze – trotz Anwesenheit eines Gefährten" mit ihr gemeinsam zu entschlüsseln.

Schritt 1

Beschreibung des Spiegelbildes (Lisa`s Verhalten) siehe vorherigen Absatz. Frau P. ersetzt jetzt das Wort „Lisa" durch das Wort „Ich": Ich verstecke mich, ich bin traurig, ich bin scheu, ich fühle mich oft einsam – trotz Anwesenheit eines Gefährten".

Schritt 2

Frau P. akzeptiert, dass sie es selbst ist, die eine IHREM Denken und Glauben entsprechende Katze vor Augen hat. Mit Hilfe eines kleinen Wortwechsels finden wir den dunklen Fleck in Frau P's Gedanken ziemlich schnell heraus. Ich: „Liebe Frau P., Sie verstecken sich vor Ihrem Mann. Trotz seiner Anwesenheit fühlen Sie sich einsam. Sie weisen seine liebevollen Annäherungsversuche zurück. Stimmt das?" Frau P.: „Ja, das stimmt. Ich mag ihm körperlich nur selten nahe sein, obwohl ich ihn lieb habe." Ich: „Was ist schlecht an körperlicher Nähe?" Frau P.: „Sie engt mich ein. Am liebsten würde ich jedesmal weglaufen, wenn mich Helfried umarmt." Ich: „Na gut, dann laufen sie halt weg. Was ist böse daran?" Frau P.: *„Frauen müssen die Wünsche ihrer Männer erfüllen! Ob sie wollen oder nicht!"* Spontan sprudelt Frau P. ihr Programm punkto Lebensgemeinschaft heraus. Ich mache sie darauf aufmerksam, dass sie aufgrund dieser Gedanken Ursachen setzt, die dementsprechende Verhaltensweisen bewirken! Sowohl an ihr selbst, wie auch an ihrer Katze. Frau P's unbeachteter Glaubenssatz, dass Frauen die Bedürfnisse ihrer Gefährten erfüllen MÜSSEN, ob sie wollen oder nicht, war die geistige Ursache für ihre eigenen Berührungsängste gewesen, wie auch für Lisa`s Zurückgezogenheit.

Schritt 3

Frau P. bedankt sich aufrichtig für die Erkenntnis, ein Schöpfer von Tatsachen zu sein. Sie anerkennt ihren geistigen Irrtum und beschließt, ihn aufzugeben. Indem sie ihre Fehlgedanken über Nähe, Zärtlichkeit und Berühren auf ein Kärtchen schreibt, und auf ein zweites das Wort „muss", macht sie sich noch ein letztes Mal bewusst, welchen traurigen Ist-Zustand sie sich selbst damit eingehandelt hatte: Einsamkeitsgefühle und Abgeschiedenheit inmitten ihrer Familie. Dann verbrennt sie die Kärtchen.

Schritt 4

Frau P. ist nun bereit, einen neuen Gedanken zu wagen, der ihr selbst jenes Zusammengehörigkeitsgefühl beschert, das sie auch ihrer Katze von ganzem Herzen wünscht: *„Ich bin jetzt bereit, Zuneigung wahrzunehmen. Ich will mir und den Menschen rund um mich von Tag zu Tag näher kommen."*

Vögel

In diesem Kapitel gehe ich zunächst einmal davon aus, dass Dein gefiederter Freund fliegen kann, dass also seine Flügel intakt – und nicht gestutzt oder gebrochen sind. Manche Menschen fühlen sich besonders stark zu Vögeln hingezogen. Was mag es bedeuten, wenn wir die Symbolik des „sich Aufschwingens" oder des „sich hoch in die Lüfte hinauf Bewegens" als Gleichnis betrachten? Meine Lieblingscousine schwärmt von Hühnern. Sie liebt die großen braunen am allermeisten und gerät vor Entzücken fast außer sich, wenn ihr eines entgegenläuft! Vor kurzem zeigte mir Margit ein Foto von einem Huhn, das an ihrem Urlaubsort frech in ihr Appartement spazierte, dann mit einem Satz auf ihr Bett hüpfte und lauthals gackernd Nüsse von ihr forderte! Was mag es bedeuten, wenn jemand ein gefiedertes Wesen ganz besonders mag, das sich bestenfalls einen Meter vom Boden abheben kann – so wie Margit`s Urlaubsgast zum Beispiel? Um dem Geheimnis auf die Spur zu kommen, brauchten wir nur eines zu tun. Wir ersetzten das Wort „Huhn" durch das Wort „Ich": ICH bin ein Vogel, aber ich fliege kaum. Bestenfalls schaffe ich einen Meter Höhe. Die meiste Zeit verbringe ich auf dem Boden.

Margit`s ganz besondere Zuneigung zu Hühnern ist ein Gleichnis ihrer Einstellung zu sich selbst. Das heißt, dass sich meine Cousine zur Zeit intensiv mit jenem Teil ihres Wesens auseinandersetzt, den wir materielle Existenz nennen. Anstatt fantastischen Höhenflügen zu folgen, ist sie vernarrt in das Bodenständige, das Handfeste – so wie das Huhn auf dem Boden lebt, obwohl es Flügel hätte, um sich höher hinauf zu schwingen.

Auf die vielen Vogelrassen, die wir als Haustiere mögen, im speziellen einzugehen, halte ich für unnötig. Ob es ein Wellensittich ist, der uns erfreut … oder ein Kanarienvogel, ein Beo, ein Papagei oder eine Zwergtaube … Tatsache ist, dass wir es mit gefiederten Käfigtieren zu tun haben. Abgesehen von ein paar Minuten oder gar Stunden der Freiheit für unsere Lieblinge, schaffen wir uns mit einem „Vogel im Käfig" ein uns entsprechendes Spiegelbild, das ich so entschlüssle:

Ersetze das Wort „Vogel" durch das Wort „Ich" (= Besitzer): ICH lebe in einem (inneren) „Käfig", den ich manchmal … regelmäßig … nie … verlasse, obwohl ich fliegen (= frei sein) kann. In meiner Behausung (= in meiner Wohnung) fühle ich mich sicher. Man (= ich) sorgt für mich und ich brauche mich um nichts zu kümmern, was da draußen passiert. Würde ich meinen Käfig (= meine auf Sicherheit programmierte Einstellung) für immer verlassen (= verändern) und somit vollkommen frei sein, wüsste ich wahrscheinlich nicht, was ich damit anfangen soll.

Mit ein bisschen Feingespür kannst Du bestimmt nachvollziehen, welche Lebenseinstellung Personen haben, die Vögel in Käfigen als Haustiere halten. Bitte jetzt nicht werten und auch nicht analysieren. Wir schauen bloß hin, als neutrale Beobachter. Wenn Frau XY ihren Wellensittich Hansi liebt, der trotz offener Käfigtür lieber drinnen sitzen bleibt … dann ist das ein Spiegelbild der Lebensauffassung von Frau XY. Wir haben es mit einer ängstlichen Person zu tun, die sich in ihren vier Wänden am sichersten fühlt. Vorsicht ist ihre Lebensmaxime und Risiko ist vermutlich ein Fremdwort für sie. Frau XY steht jedoch punkto Sicherheitsdenken voll zu sich. Sie liebt sich als übervorsichtige Frau und sie liebt auch ihre kleine, heile Welt. Warum ich das behaupte, fragst Du? Ganz einfach. Weil

Frau XY ihren Wellensittich Hansi **liebt**, der genauso wie sie freiwillig und gerne auf`s Herumfliegen verzichtet!

Anders würde die Entschlüsselung klingen, würde B (= Besitzer) seine T (= Zwergtaube) niemals frei fliegen lassen, obwohl das putzige Tierchen in seiner Behausung voller Begeisterung Flugversuche unternimmt. Manchmal rüttelt T sogar mit ihrem Schnabel an der verschlossenen Käfigtür und macht sich durch Pfeiftöne bemerkbar. B registriert die Freiheitsbestrebungen seines Haustiers ziemlich gleichgültig. Nicht ein einziges Mal kommt es ihm in den Sinn, seinen Vogel fliegen zu lassen und ihn damit wenigstens zeitweise seiner Bestimmung (= Fähigkeit zu fliegen) zu überlassen.

Wir ersetzen wieder das Wort „Zwergtaube" durch das Wort „Ich" (= Besitzer):

ICH befinde mich geistig in einem Käfig (= eingegrenztes Denken). Innerhalb meines Käfigs (= meiner begrenzten Sichtweise von der Wirklichkeit) versuche ich voller Begeisterung, zu fliegen (= meinen Geist zu erheben, meine eigenen Grenzen zu sprengen). Manchmal möchte ich das durch Anstrengung (= Rütteln, Pfeifen) erreichen, leider umsonst. Ich gestatte mir nicht einmal zeitweise, meiner wahren Bestimmung zu folgen.

Würde B einen urteilslosen Blick auf seinen Vogel riskieren und ihn nur beobachten … dann wäre es ihm sofort und leicht möglich, einen nie beachteten Teil von sich (!) gespiegelt zu sehen und die Liebesbotschaft seiner Zwergtaube zu begreifen: „Schau her, wie ich fliegen kann! Ich möchte so gerne aus meinem Käfig heraus … Der liebe Gott hat mir Flügel verliehen, damit ich sie gebrauche – und genau das kannst Du auch!" Im Spiegel seines Haustiers könnte B erkennen, was er sich selbst verwehrt: Seine selbst auferlegten Grenzen zu sprengen und frei zu sein! Auf die geistige Ebene übertragen bedeutet das: B ist Opfer seiner negativen Glaubenssätze, die auf Verbote und Einschränkungen hindeuten.

Um die Spiegelbilder Deines gefiederten Freundes zu verstehen, brauchst Du ganz bestimmt keine Vorkenntnisse. Du brauchst auch mich nicht dazu. Was immer Dir an Deinem Vogel negativ auffällt … ist immer ein Verhalten, das **DU** Dir nicht erlaubst. Oder umgekehrt: Was Du an Deinem Wellensittich, Deinem Kanarienvogel, Deinem Papagei usw. bewunderst, ist ein Verhalten, das Du an Dir und dementsprechend auch an anderen gutheißt.

Jedes „negative“ Verhalten Deines Haustiers beinhaltet ein Geschenk für Dich und eine große Chance: Das Geschenk ist die wirkliche Botschaft – die Liebesbotschaft! Du siehst nämlich ein Talent, eine Begabung, einen Wesenszug oder ein Verhalten VON DIR gespiegelt, das Du verurteilst, obwohl es vermutlich eine Deiner größten Stärken darstellt. Du hast gleichzeitig die Chance, eine Deiner lieblosen Überzeugungen ans Licht zu bringen, mit denen Du Dir selbst jenes Verhalten verbietest, das Dir Dein Vogel Tag für Tag vorlebt. Noch ein Beispiel:

<u>Schritt 1</u>

Gerlinde beschreibt leicht schockiert ihre gefiederten Hausgenossen:

Ich habe vier Diamant-Tauben. Na, die sind vielleicht dumm. Sie lassen sich alles gefallen. Wenn ich die Tür des Vogelkäfigs öffne, bleiben sie trotzdem drinnen sitzen, obwohl sie frei fliegen könnten! Und wenn es doch einmal gelingt, sie herauszulocken, fliegen sie mit einem so irrsinnig hohen Tempo, dass sie gegen die Wände platschen. In den Käfig finden sie alleine nicht zurück. Man muss ihnen helfen.

Schritt 2

G akzeptiert das seltsame Benehmen ihrer Täubchen als Spiegelbild ihres eigenen Verhaltens und ersetzt „meine Tauben“ durch das Wort „Ich“:

Ich bin dumm. Ich lasse mir alles gefallen. Obwohl mir alle Türen offen stehen, bleibe ich bei meinem alten Selbstbildnis. Ich könnte völlig frei sein, aber ich nütze diese Chance nicht. Und wenn es mir doch einmal gelingt, meine gewohnten Mechanismen abzustreifen, erlebe ich einen Höhenflug in irrem Tempo. Dabei übersehe ich vorhandene Grenzen und verletze mich dabei. Alleine finde ich nicht zu mir selbst zurück. Man muss mir helfen.

Ich: „Frau G, sie pendeln zwischen Extremen, stimmt das?“ G: „Ja, ich fühle mich oft in meinen Lebensumständen gefangen. Am liebsten würde ich auswandern, alles zurücklassen und irgendwo neu anfangen!“ Ich: „Und was hindert Sie daran, sich diesen Wunsch zu erfüllen?“ G: „Meine Angst vor dem Neuen, dem Unbekannten.“ Ich: „Wenn Sie sich vorstellen, dass das Unbekannte etwas Wunderschönes ist, würden Sie sich dann auch noch fürchten?“ G: „Nein, ganz bestimmt nicht!“ Ich: „Sie konzentrieren demnach Ihre Gedanken auf etwas „schlechtes, furchtbares, böses Neues“, ist Ihnen das klar? Ihre Einstellung, einen lebensverändernden Schritt zu tun, ist von Grund auf negativ. Damit programmieren Sie vor, dass Ihre Ausbruchsversuche zu Verletzungen oder Kummer führen.“ G: „Wer beweist mir, dass alles gut geht, wenn ich hier meine Zelte abbreche?“ Ich: „Diesen Beweis können Sie sich nur selber schenken, indem Sie Ihre negativen Gedanken zu diesem Thema formulieren und sich davon verabschieden.“ G: „Ich bin eine schlechte Mutter und eine böse Tochter, wenn ich tue, was mir mein Herz befiehlt.“ Gerlindes tief verwurzelter Glaubenssatz ist ausgesprochen, der ihren Umzug an einen ihr noch unbekannten Ort verhinderte. Genau das hatten ihr die Tauben gespiegelt: Jeder Flugversuch scheiterte an den Zimmerwänden (= Grenze) mit blauen Flecken, bis die herzigen Täubchen schließlich ganz darauf verzichteten, ihr Gehäuse trotz offener Tür zu verlassen.

Schritt 3

Gerlinde fühlt sich so sehr berührt, dass ihr die Tränen kommen. Sie bedankt sich für das Geschenk, ihre selbstkritischen, lieblosen Gedanken erkannt und ausgesprochen zu haben. Dann lässt sie noch ein letztes Mal die Folgen ihres harten Urteils vorüberziehen, mit dem sie sich selbst Zeit ihres Lebens das Wohnen an einem selbstbestimmten Ort versagt hatte. Sie verbrennt ein Kärtchen mit den Worten: *„Wenn ich meinem Herzen gehorche, bin ich eine schlechte Mutter und eine böse Tochter.“*

Schritt 4

Ihre neue, gedankliche Stütze formuliert Gerlinde so: *„Meine Herzenswünsche sind wahr. Meine erwachsenen Kinder und meine Eltern übergebe ich jetzt in Gottes liebevolle Hände.“*

Sprechende Vögel (Wellensittiche, Papageien) als Haustiere deuten auf wachsende Kommunikationsfreude und Intelligenz der Besitzer (= B). Jedes Bemühen des B, seinem Papagei bestimmte Wortfolgen beizubringen, ist ein Spiegelbild seiner Bereitwilligkeit, sich selbst besser und häufiger verbal ausdrücken zu wollen. Ich kann es nicht oft genug betonen: So, wie wir mit unseren Tieren umgehen … was wir von ihnen erwarten … wofür wir sie benützen … und was wir in ihnen sehen … ist das, was wir von UNS erwarten, wofür wir UNS benützen und was wir in UNS sehen. Cora, Jim, Paco – oder wie immer wir unsere geflügelten Haustiere nennen – verkörpern Wesensteile von UNS. Und deshalb halte ich ein tägliches, aufrichtiges Dankeschön an unsere Freunde für selbstverständlich.

An dieser Stelle erlaube ich mir, mein Entsetzen über den erst kürzlich genehmigten Bau einer neuen Legebatterie in Niederösterreich für etwa 75.000 Hennen auszudrücken. In Zeiten fürchterlichen Tierleids, wie Massentiertransporte, Maul- und Klauenseuche, Rinderwahn usw. wurde stillschweigend eine neue Todesfabrik für Geflügel konstruiert. In solchen Riesenlegebatterien herrscht enormer Platzmangel. Die Hühner picken sich dort halb oder ganz tot. Ihre Beine sind verkrümmt oder gebrochen. Eier legen sie nur deshalb, weil sie durch absolute Qualzucht zu Höchstleistungen gezwungen werden. Verzweiflung pur für tausende unschuldige Gottesgeschöpfe ... Vor vielen Jahren habe ich damit begonnen, mein Herz auch für solche Katastrophen zu öffnen. Ich habe damit aufgehört, so zu tun, als ginge mich das Ganze nichts an. Als langjähriges Mitglied des Wiener Tierschutzvereins und Abonnentin einschlägiger Zeitschriften konfrontiere ich mich bewusst auch mit dem Leid unserer Tiere. Oft kommen mir die Tränen, wenn ich mir die fürchterlichen Bilder gequälter Kreaturen ansehe, die uns Kronen der Schöpfung (!) hilflos ausgeliefert sind – und das berührt. Meiner Ansicht nach geben wir den Tieren zu wenig von uns selbst, wenn wir nur die Sonnenseite mit ihnen teilen. Wirkliche Liebe schließt auch den Kummer mit ein. Wir brauchen abertausende mitfühlende Herzen, die sich bis in die allerletzte Zelle berühren lassen. Auch Du kannst etwas tun, um die Qualen der Hennen in Legebatterien zu verkürzen. Achte bitte beim Kauf von Eiern auf das Wort „*Tierschutzgeprüft*" (garantiert Eier von glücklichen Hühnern in Freilandhaltung).

Schlangen, Reptilien

Meine Erfahrungen mit Analogiespielen bestätigen, dass Schlangen, Echsen, Molchen usw. hauptsächlich folgende Eigenschaften zugeschrieben werden: Kalt, erstarrt, teilnahmslos, grauslich, gefährlich. Über das wirkliche Wesen dieser Tiere erfahren wir aufgrund dieser Beschreibungen eher wenig. Wohl aber über jene Person, die in einer Schlange etwas „Gefährliches" wahrnimmt ... in einer Echse etwas „Erstarrtes" und in einem Molch etwas „Kaltes". Noch aussagekräftiger werden diese Spiegelbilder für den Besitzer (= B) eines Reptils, wenn wir beobachten, WIE B die Eigenschaften seines Haustiers beschreibt: Voller Begeisterung, Freude und Zuneigung ... oder mit Abscheu.

Ein Beispiel:

B ist seit einigen Jahren stolzer Besitzer einer Giftschlange (GS). Stundenlang beobachtet B sein Haustier, das die meiste Zeit in seinem Terrarium verdöst. Außer, es gibt Lebendfutter zu fressen. Dann wird GS auf einmal lebendig und B vibriert vor lauter Vergnügen: „Wie sie blitzschnell zupackt! Und diese Unberechenbarkeit! Das gefällt mir am besten an meiner Giftschlange. Sie ist gefährlich, wenn man sie nicht richtig behandelt."

Welchen Rückschluss können wir aufgrund dieser kurzen Aussage für den B ziehen? Das Spiegelbild „blitzschnelle, unberechenbare, gefährliche Schlange" zu entschlüsseln, ist wie immer ganz einfach. Wir setzen anstelle des Wortes GS das Wort Ich (= Besitzer) ein:

ICH liebe es an mir, blitzschnell einzugreifen (auch anzugreifen). ICH liebe meine Unberechenbarkeit. ICH werde gefährlich, wenn man mich nicht richtig behandelt.

Der Schlangenbesitzer schafft sich mit seinem Haustier ein ihm entsprechendes Spiegelbild, um sich darin zu erkennen und genau jene Verhaltensweisen zu bejahen, die er an seiner GS bewundert. Ich habe mehrmals beobachtet, dass Personen mit „gefährlichen“ Haustieren – wie Giftschlangen, Riesenspinnen oder ähnlichem Getier – eher passive, nachgiebige Menschen sind. Das ist keineswegs paradox, sondern logisch. Unser Giftschlangenbesitzer aus dem obigen Beispiel **liebt** sein Haustier. Das bedeutet: B liebt eben genau diese Eigenschaften an sich selbst – oder ist auf dem besten Weg, sich liebevoll mit seiner eigenen Angriffslust sowie mit seiner Unberechenbarkeit anzufreunden. Natürlich könnte B auch die positive Form dieser beiden Eigenschaften für sich selbst wählen (Wortspiel): Aktive Tatkraft und Spontanität.

Würde sich B vor seiner GS fürchten, würde die Entschlüsselung etwa so klingen: ICH habe Angst vor meiner eigenen *Angriffslust*, oder das positive Wort: ICH fürchte mich vor meiner eigenen *aktiven Tatkraft*! ICH ängstige mich vor meiner eigenen *Unberechenbarkeit,* oder positiv: ICH habe Angst, meine *Spontanität* auszuleben! Zwecks Übung wollen wir nun für diesen Fall die 4-Schritte-Methode anwenden:

<u>Schritt 1</u>

B beschreibt wie oben das Verhalten seiner GS und gesteht sich seine Furcht ein.

<u>Schritt 2</u>

B akzeptiert das Spiegelbild „Angst vor Giftschlange“ als Projektion seiner Geisteshaltung: „Aha, ich besitze ein mir entsprechendes Haustier. Meine Schlange lebt mir Wesenszüge vor, die ICH mir nicht gestatte. Ich beurteile die

Eigenschaften meiner GS negativ und deswegen fürchte ich mich, eben diese Eigenschaften selbst auszuleben." „Was ist schlecht daran, angriffslustig, unberechenbar und gefährlich zu sein?" B: „Dann bin ich ein Außenseiter, den keiner mag!" „Angenommen, sie sind ein Außenseiter. Wovor fürchten Sie sich dann am allermeisten?" B: „Dass ich irgendwo einsam, alt und krank sterbe." Die negative Vorprogrammierung des Herrn B zum Thema „Tod" wird augenblicklich erkennbar. Ein kurzes Zwiegespräch genügte dafür.

Schritt 3

B bedankt sich bei seiner GS für das Geschenk dieser Erkenntnis. Dank seines Haustiers wurde B auf seine negative Einstellung zum Tod aufmerksam, mit der er sich selbst verwehrte, jene Wesenszüge auszuleben, die ihm seine GS spiegelt: Aktive Tatkraft und Spontanität.

B verbrennt ein Blatt Papier mit den Worten: *„Ich sterbe irgendwo einsam, alt und krank."*

Schritt 4

B ist jetzt bereit, seine Geisteshaltung auf etwas Neues einzustimmen, das seine Angst vor dem Sterben transformiert. Als geistige Stütze dafür wählt er den Leitspruch: *„Gott begleitet mich nach meinem physischen Tod in eine neue Dimension."*

Wie schon erwähnt, werden Reptilien oft als starre, kalte Wesen bezeichnet. Und jetzt kommt es wieder darauf an, wie die Besitzer solcher Haustiere mit diesen Eigenschaften zurecht kommen. Wer die Kälte seines Grottenmolchs oder die Teilnahmslosigkeit seines Leguans als gegeben akzeptiert, kann auch zu seiner eigenen (Gefühls-)Kälte stehen und seinen Wurstigkeits-Standpunkt voll und ganz vertreten. Die vollzogene Integration dieser Wesensanteile in das eigene Selbst ist offensichtlich. Hingegen deuten Ablehnung, Widerstand oder Ekel darauf hin, dass eben genau jene gespiegelten Verhaltensweisen im Unbewussten des Besitzers brach liegen, anstatt gelebt zu werden: Kühle, Reserviertheit und Gleichgültigkeit – oder in positiven Worten: Sachlichkeit, Vorsicht und Demut. Was wir an einer Eidechse, einem Salamander oder an einem Chamäleon schlecht finden … ist genau jenes Verhalten, das WIR uns aufgrund destruktiver Phantasien selbst (!) verbieten – anstatt die positive Form dieser Eigenschaften zu entwickeln, zu fördern und zu leben.

Schritt 1

B (= Besitzer) beschreibt das Verhalten seiner Eidechse: „Die meiste Zeit liegt sie wie erstarrt da. Trotzdem lauert sie auf irgend eine Gefahr, sie ist ständig auf der Hut und überhaupt nicht zugänglich.

Schritt 2

B akzeptiert das Verhalten seiner Eidechse als Spiegelbild seiner selbst und ersetzt das Wort „Eidechse" durch das Wort „Ich": „Aha, ICH bin irgendwo in meinem Wesen erstarrt. ICH tue nichts. ICH bin ständig auf der Hut, als wäre ich ständigen Gefahren ausgesetzt." „Herr B, gibt es derzeit eine Situation in Ihrem Leben, vor der Sie sich so sehr fürchten, dass Sie sich lieber tot stellen, als einen Schritt zu tun?" „Ja, meine Frau will sich scheiden lassen, sie hat einen anderen." „Was ist böse oder schlecht daran, wenn sich zwei Menschen voneinander verabschieden, um neue Wege zu beschreiten?" „Ich kann nicht alleine sein, da werde ich depressiv!" Die negative Prägung des Herrn B sprudelt heraus. Sein Glaube „Allein-Sein führt zu Depressionen" ist jener falsche Gedanke, der durch das Spiegelbild

„erstarrte, ständig auf der Hut befindliche Eidechse“ an die Oberfläche seines Bewusstseins drängte. Zwei Fragen reichten dafür aus.

Schritt 3

B dankt seiner Eidechse aufrichtig für diese Erkenntnis. Er beschließt, sich von seinen negativen Gedankenstrukturen zum Thema „Erwachsen-Werden, Allein-Leben, Selbständig-Sein“ zu befreien und verbrennt als symbolische Handlung ein Kärtchen mit den Worten:

„Allein-Sein macht mich hundertprozentig depressiv“.

Schritt 4

B will sich nun eine mentale Stütze geben, um die Trennung von seiner Frau als gut und richtig zu begreifen. Außerdem möchte er sich freudig auf seinen neuen Lebensabschnitt einstimmen. Seine neuen Ideen hören sich so an: *„Ich will nur noch Menschen an meiner Seite, die meine Gegenwart schätzen, achten und genießen. Ich bin stark und stelle mich der gegebenen Herausforderung.“*

In allen Beispielen ist Dir sicherlich schon ein roter Faden aufgefallen: Beim Entschlüsseln der Botschaften geht es NIE darum, welche Eigenschaften das Tier aus wissenschaftlicher Sicht tatsächlich hat. Es geht immer nur darum, was **DIR an Deinem Haustier besonders stark auffällt, was DICH am meisten berührt und worüber DU Dich mokierst, ärgerst, aufregst oder mit dem DU absolut nicht zurecht kommst.** Ich erkläre Dir gerne noch einmal, warum ausgerechnet das störende Verhalten Deines Lieblings wahrhaftig ein Geschenk für Dich ist:

Weil DU Dir aufgrund Deiner negativen Beurteilung
exakt jene Verhaltensweisen verbietest –
anstatt die positive Form davon als DEINE (!) Stärke
wahrzunehmen.

Du siehst nicht nur die Menschen durch den Filter DEINER (in etlichen Punkten negativen) Geisteshaltung, sondern auch Dein Haustier. Was DIR wie Kälte und Grausamkeit vorkommt, sind in Wirklichkeit positive Wesenszüge VON DIR: Sachverstand und Durchbruchsvermögen. Nur – wie solltest Du diese zwei Wesenszüge an DIR erkennen, wenn DU immer nur durch den Vorhang Deiner negativen Erfahrungen hinschaust? DU bist es, der/die im blitzschnellen Zupacken von Schlangen etwas Bösartiges sieht – anstatt Deine negativen Gedanken darüber zu erforschen und das Positive dieser Eigenschaften an DIR zu fördern: rasches Eingreifen, sofortiges Handeln.

Reptilien als Haustiere spiegeln hauptsächlich unsere verborgenen Wesensanteile. Das sind jene, die wir am meisten AN UNS ablehnen. Bis jetzt habe ich niemanden kennengelernt, der beim Anblick einer Klapperschlange vor lauter Entzücken jubelte. Ja selbst eine harmlose Ringelnatter lässt wahrscheinlich viele vor Schreck zusammenzucken. Kröten werden häufig als schmutzig oder grauslich beschrieben. Sollte auch Dir eine Gänsehaut über den Rücken laufen, wenn eine Kröte Deinen Weg kreuzt, könntest Du einen großen Nutzen daraus ziehen. Du könntest Dir Deine negativen Gedanken bewusst machen, die eine Kröte zu einer *schmutzigen* und *ekeligen* Kröte stempeln … anstatt die naturbelassene Echtheit (= schmutzig) und die Dir noch fremde Einzigartigkeit (= grauslich) dieses Gottesgeschöpfs als Liebesbotschaft FÜR DICH zu begreifen, die da lautet: Ich stehe zu MEINER Natürlichkeit. Ich liebe immer mehr das Echte an MIR. Aber es ist mir noch fremd, dass ICH einzigartig bin …

Nagetiere

(Hase, Hamster, Meerschwein, Ratte, Maus, Frettchen, Nutria …)

Meinen ersten Goldhamster taufte ich „Mecki“. Ich war elf Jahre alt, als ich das putzige Tierchen in einer ziemlich verwüsteten Tierhandlung entdeckte. Die Besitzerin kannte mich schon, denn es verging kaum ein Tag, an dem ich mir nicht meine Nase an der Auslage platt drückte. Meine inbrünstige Sehnsucht nach einem Haustier war so drängend geworden, dass meine Eltern schließlich einwilligten. Ich erzähle Dir die Geschichte deshalb so genau, weil ich aufgrund meines heutigen Bewusstseins über die Spiegelungen in meinem Leben Bescheid weiß. Mecki war der älteste und unscheinbarste Goldhamster unter all den anderen. Kahle Flecken auf Rücken und Bauch ließen ein Ekzem vermuten. „DEN willst Du haben? Diesen Ladenhüter?“ entrüstete sich die gute Frau im Geschäft, „na von mir aus …“ Und so kam es, dass ich meinen ersten Goldhamster glückselig an mein Herz drückte. Mecki lebte noch ein Jahr, dann haben wir ihn beim Riesenrad im Wiener Prater begraben. Er hatte viele Nachfolger … Susi, Max, Bauxi, Pat … aber keinen habe ich so geliebt, wie Mecki.

Eine ganz alltägliches Kindermärchen, denkst Du? Das mag schon stimmen. Trotzdem war es auch ein Gleichnis – ein Spiegelbild meiner Lebensauffassung, die ich schon als Mädchen hatte: Für diejenigen da zu sein, die unglücklich sind. Mecki`s jämmerlicher Zustand hatte mich in meinem Herzen berührt. Und dort gibt es kein Wenn und kein Aber.

Nach einigen Goldhamsterfamiliengründungen entschloss ich mich als 16jährige für ein etwas größeres Nagetier: Das

Meerschweinchen. Bestimmt könnte ich ein ganzes Buch füllen, würde ich all meine Erlebnisse mit Domenico, dem schwarzen Rosettenmeerschweinchen-Männchen, aufschreiben ... Ob Du es glaubst oder nicht, dieser außergewöhnliche Kerl verstand Anweisungen in englischer Sprache: „What is?“ befahl ich ihm und schon ließ er sich auf den Rücken fallen. In dieser Position fraß er dann genüsslich seine Karotte! Eliot, sein Nachfolger, war schneeweiß, auch ein Rosettenmeerschweinchen. Nachdem all meine Freunde die äußerst peinliche Geschichte mit ihm kennen, möchte ich sie auch Dir erzählen. Nachdem sich endlich ein Tierarzt im ersten Wiener Bezirk bereit erklärt hatte, meinen Eliot zu kastrieren, ließ ich den Eingriff durchführen. Bei einem so kleinen Tier ist es manchmal schwierig, die richtige Dosis des Narkotikums zu berechnen. Die Operation war längst überstanden, doch Eliot schlief noch immer. Ich hatte ihn sorgsam in ein Handtuch gewickelt und in meinen Einkaufskorb gelegt. Nicht ein Haar war von ihm zu sehen, als ich mit großer Lust auf einen Kaffee einer berühmten Konditorei auf dem Wiener Stefansplatz zustrebte. Sicherheitshalber bestellte ich gleich an der Theke einen Espresso, um bei Eliot`s Erwachen das Lokal sofort verlassen zu können. Aber es kam anders. Aufgrund des Gedränges um die Mittagszeit stieß ein Herr im eleganten Anzug meinen Einkaufskorb um ... und mein ohnmächtiger Liebling rollte samt Handtuch so weit heraus, dass er sichtbar für alle Gäste auf dem Rücken liegen blieb. Eliot`s Bäuchlein war kahl geschoren und vollgeschmiert mit rotem Desinfektionsmittel, das für Uneingeweihte bestimmt wie Blut aussah ... „Ach Du liebe Zeit“ regte sich hinter meinem Rücken eine Dame auf, „die geht mit einem toten Meerschwein spazieren!“ Ich kam nicht mehr dazu, mich den anderen entrüsteten Worten zu widmen, die dann laut wurden. Auch die angewiderten Blicke, die mich trafen, registrierte ich kaum, weil Eliot und ich in Windeseile die Konditorei verließen!

Du bemerkst sicher schon, dass ich mich in jungen Jahren besonders zu Nagetieren hingezogen gefühlt hatte. Sie faszinierten mich, weil sie einerseits klein und kuschelig waren und andererseits trotzdem kräftig zubeißen konnten. Ich liebte sie wegen ihrer Doppelidentität, ohne damals zu ahnen, dass ich mich selbst damit meinte! Wie das zu verstehen ist, fragst Du? Ganz einfach. Auch ich empfand mich als Kind und auch noch als Teenager als „klein“ (= unbedeutend, unauffällig) und „kuschelig“ (= weich, anschmiegsam), trotz meiner verborgenen Fähigkeit zuzubeißen (= wehren, zurückweisen, abgrenzen). Im Spiegel meiner Nagetiere lernte ich zwei meiner Hauptwesenszüge kennen und lieben. Insbesondere meine Eigenschaft, spontan ein klares Nein signalisieren zu können … genauso wie meine sanftmütigen Nager, die auf der Stelle ihre kräftigen Vorderzähne einsetzten, wenn sie jemand beim Fressen oder Schlafen störte.

Es würde meine Kompetenz als Tierfreundin und Hobbyzoologin sprengen, um exakte Unterschiedlichkeiten im Verhalten von Nagetieren aufschlüsseln zu können. Ich denke, das ist auch gar nicht nötig, damit Du Dich im Spiegel Deines Hasen, Deiner Ratte oder Deiner weißen Maus zu erkennen vermagst. Ausschlaggebend ist ja immer nur das, was DIR an Deinem Haustier besonders auffällt, was Du am meisten liebst und was Du am wenigsten magst. Soeben fällt mir ein, dass meine Goldhamster am liebsten in der Nacht aktiv waren. Unermüdlich drehten sie Runde um Runde in ihrem Laufrad oder nagten stundenlang an den Gitterstäben des Käfigs. Natürlich entstanden dadurch Geräusche, die mich in meiner Nachtruhe störten. Und das nervte … Ein Blick auf meine Schreibtischuhr bestätigt, dass ich in den letzten Jahren – seit ich Bücher schreibe – genauso nachtaktiv geworden bin, wie meine allerersten Haustiere. Mitternacht ist längst überschritten … und ich habe große Lust, noch dieses Kapitel zu vollenden!

Nagetiere besitzen scharfe Zähne, das ist bekannt. Und deswegen werden ihnen häufig die Eigenschaften „angriffslustig", „schädlich" und „bissig" zugeschrieben. Das bestätigte auch eine Reportage über einen Autoreifen-süchtigen Marder in der heutigen Tageszeitung, die ich schmunzelnd überflog. Der Bürgermeister der betroffenen Kleinstadt hatte sogar eine Prämie für die Ergreifung des Tiers versprochen!

Was bedeutet es nun im Spiegel betrachtet, wenn sich jemand vor Nagetieren fürchtet? – Ein Beispiel:

Erika`s Liebling ist ein Frettchen namens Fridolin. Das pfiffige Tierchen ist in seiner Behausung ständig auf der Achse. Rauf und runter, rauf und runter … Zwischendurch knabbert Fridolin alles an, was ihm in die Quere kommt … Auch Erika`s rechter Zeigefinger bleibt von seinen scharfen Zähnen nicht verschont. Und der linke auch nicht. Erika`s Furcht vor einer weiteren Verletzung wächst. Ihre Abneigung, Fridolin`s Käfig auszumisten, wächst – denn kaum entriegelt sie die Tür, beisst das Frettchen zu.

Schritt 1

Erika beschreibt das Verhalten ihres Haustiers: Fridolin ist ununterbrochen in Bewegung. Aber nicht nur das. Er nagt alles an, was ihm in die Quere kommt! Mich beisst er auch, ich fürchte mich davor.

Schritt 2

Erika akzeptiert das Verhalten ihres Haustiers als Spiegelbild ihres eigenen Verhaltens und ersetzt das Wort „Fridolin“ durch das Wort „Ich“. Dieser einfache Trick funktioniert immer, um die wirkliche Botschaft zu verstehen: ICH bin ununterbrochen in Bewegung. ICH nage (= beiße zu), wenn mir etwas in die Quere kommt. ICH beiße auch mich (= ich greife mich selbst an) und davor fürchte ich mich.

Dank Fridolin erkennt Erika ihre eigenen, angriffslustigen Gedanken. In einer ganz bestimmten, aktuellen Angelegenheit reagiert sie derzeit aggressiv (= nagen, zubeißen) und macht sich gleichzeitig Schuldgefühle (= sich selbst angreifen) deswegen. (Anmerkung: Da sämtliche Geschehnisse in unserem Leben synchron verlaufen, passiert gleichzeitig auf verschiedenen Ebenen dasselbe.) Die Frage: „Was finde ich schlecht daran, wenn ich meinen Widerstand gegen einen bestimmten Menschen offen zeige?“ hilft Erika auf die Sprünge und es klickt: „Ich wohne derzeit im Haus meiner Stiefmutter. Sie verlangt von mir keine Miete. Also muss ich mich notgedrungen ihren Launen fügen, obwohl sie ständig an mir herummeckert!“ Erika`s unbeachteter Glaubenssatz „Ich MUSS kuschen, MUSS mich fügen, MUSS alles hinunterschlucken“ ist geäußert.

<u>Schritt 3</u>

Erika bedankt sich bei Fridolin für das Geschenk dieser Erkenntnis. Das Frettchen hatte ihr gespiegelt, was sie sich selbst verwehrt hatte: Sich auf der Stelle zu verteidigen und wenn nötig, zuzubeißen! Als symbolische Handlung verbrennt Erika ein Blatt Papier mit den Worten: *Ich muss mich fügen.*

<u>Schritt 4</u>

Als geistige Stütze für ein neu gewonnenes Stück Freiheit wählt Erika folgende Idee und stimmt sich mit allen Sinnen darauf ein: *Ich darf alles! Ich darf auch meinen Unmut spontan äußern.*

Ich hoffe, mit diesem Beispiel veranschaulicht zu haben, wovor sich Erika in Wirklichkeit gefürchtet hatte: Vor ihrer eigenen Angriffsfähigkeit. Sie selbst hatte Ihre Lust zu „beißen" durch ein selbst auferlegtes (!) Verbot jahrelang unterdrückt. Erika`s Glaube, sie müsse sich in unerträgliche Lebensumstände fügen, war als geistige Ursache sowohl für ihre Schuldgefühle verantwortlich gewesen, wie auch für ihr unehrlich-sanftes Benehmen ihrer Stiefmutter gegenüber.

Ich erzähle Dir jetzt noch eine Begebenheit mit einer Ratte. Meine Unterricht im Freifach Maschineschreiben beginnt frühestens um 12.30 Uhr und endet um 17 oder 18 Uhr, je nachdem, wie meine Kurse eingeteilt sind. Am Nachmittag gibt es wenig Aktion in den Klassen und deshalb kommt es manchmal vor, das Schüler verbotenerweise ein Haustier mitbringen. Letzten Herbst sperrte ich wie jeden Nachmittag die Tür zum EDV-Saal auf, als mir Alex, ein 12jähriger Schlingel, sein Haustier mitten auf den Rücken setzte: Eine schwarz-weiß gefleckte Ratte namens Gigolo. Na ja, was soll ich sagen … Alex hatte die Rechnung ohne den Wirt gemacht. Denn anstatt des von ihm erwarteten Hilfeschreies seiner Lehrerin ließ ich Schlüssel und Tasche fallen, um das quirlige Tierchen zu begrüßen! Gigolo fühlte sich anscheinend wohl bei mir. Es dauerte höchstens 2, 3 Minuten … dann schlüpfte er in den linken Ärmel meines Lambswoolpullovers und machte keinerlei Anstalten, in die Außenwelt zurückzukehren. Und die Moral aus der Geschichte: Ich habe meinem Schüler Alex einen Riesenspaß verdorben, weil ich mich eben NICHT vor Ratten fürchte. Auf das Spiegelgesetz umgemünzt bedeutet das: Ich bin mit Gigolo`s Verhaltensweisen im Einklang.

Was MIR an ihm auffiel … das Quirlige, seine Intelligenz, sein zielsicherer Rückzug an einen kuscheligen Ort, seine Vertraulichkeit zu Fremden und sein Nähebedürfnis … sind Wesenszüge von MIR, die mir total vertraut sind. Ich liebe meine Quirligkeit, schätze meine Intelligenz. Meine Wohnung ist jener kuschelige Ort, an den ich mich nach ausgefüllten Tagen zurückziehe. Fremde sind kaum noch Fremde für mich. Es erstaunt mich manchmal selbst, wie unbekümmert mein Vertrauen zu Personen sein kann, denen ich zum ersten Mal begegne. Mein Bedürfnis nach Nähe stille ich zur Zeit hauptsächlich mit meiner Familie und im Freundeskreis. Gestern haben wir zum Beispiel meinen Geburtstag gefeiert. Vom Dauerregen zu elft in unser winziges Gartenhäuschen „verbannt", fühlte ich mich im Kreis meiner Lieben total glücklich – denn wir waren uns nicht nur räumlich nahe, sondern auch in unseren Herzen.

Ich finde also weder an Ratten noch an Mäusen etwas Abstoßendes. Anders reagiert eine liebe Bekannte von mir. Am allermeisten ekelt sie sich vor den blitzschnellen Bewegungen dieser Nagetiere, weil „sie unberechenbar sind und man sie nicht erwischen kann". Vera`s Angst vor Mäusen und Ratten zeigt sich beinahe schon als Hysterie, weil sie die kleinen Nager überall dort vermutet, wo nach klarer Überlegung überhaupt keine sein können: In ihrem Schlafzimmer zum Beispiel oder in der Dusche. Schauen wir uns dieses Spiegelbild mit der Vier-Schritte-Methode an. Bitte verstehe mich jetzt richtig. Es liegt mir fern, Vera`s Ängste zu verniedlichen. Ich möchte bloß die Botschaft aufzeigen, die sich dahinter verbirgt.

Schritt 1

Vera beschreibt das Verhalten von Ratten und Mäusen, vor dem sie sich fürchtet: „Die sind so unberechenbar! Sie tauchen blitzschnell auf, wurreln herum, knabbern alles mögliche an. Und wenn man sie fangen will, tauchen sie genauso blitzschnell unter. Sie verschwinden einfach! Kein Mensch weiß, wo sie sich wirklich aufhalten und das macht mir Angst.“

Schritt 2

Vera akzeptiert die beschriebenen Eigenschaften als Spiegelbild ihrer selbst. Sie freundet sich damit an, in den blitzschnellen Aktionen von Mäusen und Ratten ein eigenes, unterdrücktes Verhalten wahrzunehmen und ersetzt die Begriffe „Maus“ und „Ratte“ durch das Wort „Ich“: ICH bin unberechenbar. ICH tauche blitzschnell auf, wirble herum, nehme mir, was ich brauche. ICH lasse mich nicht einfangen, lieber tauche ich unter und verschwinde einfach. Ich (= keiner) weiß dann nicht, wo ich mich aufhalte und das macht mir Angst.

Jetzt folgt ein kurzes Zwiegespräch. Ich: „Vera, „unberechenbar“ ist eine negative Wortwahl für die Eigenschaft „spontan“. Was hältst Du von spontanen Menschen, die blitzschnell ihre Umgebung checken, um sich schließlich das zu nehmen, was sie brauchen?“ Vera: „Vor solchen Menschen fürchte ich mich. Ich halte sie für obergescheit, egoistisch und gierig.“ Ich: „Was ist schlecht an überintelligenten (= obergescheit), selbstsicheren (= egoistisch) Personen, die bestens für die Erfüllung ihrer Bedürfnisse sorgen (= gierig) können?“ Vera. „Die sind oft sehr einsam.“ Ich: „Na und, dann sind sie halt einsam. Was ist dann?“ Vera: „Dann hat das Leben keinen Sinn. Wozu dann noch auf der Welt sein?“ Ich: „Danke, dass Du Deinen geistigen Irrtum ausgesprochen hast. Du glaubst, Dein Leben ergäbe keinen Sinn mehr, sobald Du spontan und selbstsicher auftrittst und selbst für die Erfüllung Deiner tiefsten Bedürfnisse sorgst.“ Vera begreift jetzt ihre immens große Abneigung gegen Ratten und Mäuse. Diese Tiere spiegelten ihr, was sie an sich selbst nicht wahrhaben wollte: Ihre Angst vor einem sinnlosen Leben, wenn sie die Eigenschaften Spontanität und Selbstsicherheit entwickelt, wie auch die Fähigkeit zur Erfüllung ihrer vorhandenen Bedürfnisse. Es war Vera`s gedanklicher Trugschluss, der die Entfaltung ihres Wesens in besagten Punkten verhinderte.

Schritt 3

Zutiefst berührt schickt Vera ein Dankeschön zum lieben Gott. Als Zeichen ihrer Bereitwilligkeit, den erkannten Irrtum aufzugeben, verbrennt sie ein Kärtchen mit den Worten: *Selbstbezogene, spontane Menschen führen ein sinnloses Leben in Einsamkeit.*

Schritt 4

Vera`s neue Lebenseinstellung klingt so: *Jetzt entwickle ich voll Freude zwei meiner Stärken: Spontanität und Selbstsicherheit.*

Aufgrund meiner Beobachtungen möchte ich abschließend noch einmal jenes Kriterium erwähnen, das mir bei der Beschreibung von Nagetieren besonders aufgefallen ist: Das Extrem zwischen Schmusetier und Schädling. Es ist tatsächlich wahr, dass zwei verschiedene Personen ein und dasselbe Kaninchen als „entzückendes, süßes, flauschiges, braves Kuschelhäschen“ bezeichnen (Person A) und als „nichtssagenden, dummen und bissigen Schadenanrichter“ (Person B)! Ich vermute, dass Du mittlerweile die wahre Botschaft der Kaninchendame Susi für A und B schon leicht herausfinden könntest, nicht wahr?

Fische

Fische vermitteln etwas Beruhigendes. Mein Vater liebte es, halbe Nachmittage lang in sein Aquarium zu schauen, um die bunten Fischlein zu beobachten. Aber nicht nur das. Manchmal begann er aus heiterem Himmel, die Umgebung seiner Tiere kreativ zu gestalten. Mit besonders schönen Kieselsteinen, die er selbst vom Donauufer holte und mit frischen Wasserpflanzen aus der Zoohandlung. Als Mädchen im Volksschulalter faszinierten mich die Mondfische, die Minibarsche, die Neonfische und wie sie alle hießen, eher wenig. Viel mehr fühlte ich mich zu den Putzerschnecken hingezogen, weil ich ihren rosa „Bauch" sehen konnte, wenn sie über das Glas krochen. Mir gefiel ihre gemächliche Art und die Ausdauer, mit der sie die Scheiben von Ablagerungen säuberten. Was das für ein Spiegelbild für mich war, möchtest Du wissen? Ganz einfach. Ausdauer und Konsequenz zähle ich heute, in meiner zweiten Lebenshälfte, zu meinen größten Stärken. Aber um diese verflixte „gemächliche" Langsamkeit in mir wachzurufen, muss ich mir immer noch des öfteren ein rotes Stopp-Schild vorstellen …

Zurück zu den Fischen. Wie Du in diesem Buch schon gelesen hast, liebe ich Analogiespiele, die mit Tieren zu tun haben. Wenn ich die Leute frage, was sie an Aquarienfischen mögen und was nicht, kommen hauptsächlich folgende Antworten:

Positiv:	friedlich, schillernd, pfiffig, beweglich, lustig, stumm;
Negativ:	langweilig, verfressen, dumm, stumm.

Die Eigenschaft „stumm“ wird von manchen Personen als angenehm empfunden, während sie von anderen negativ interpretiert wird. Diese Tatsache halte ich für einen sehr wertvollen Klick, weil er deutlich macht, durch welchen (!) Filter verschiedene Menschen die Stummheit harmloser Fischlein wahrnehmen! Bitte verstehe mich nicht falsch.

Jeder möge seine Ansichten behalten, das ist völlig in Ordnung. Es liegt keineswegs in meiner Absicht, Dich von Deiner Meinung über Aquarienfische wegzulotsen. Wozu ich Dich motivieren möchte, ist bloß ein *zusätzliches* Dahinterschauen … wenn Du Dich zum Beispiel wegen der Fresssucht Deiner schwimmenden Freunde ärgerst, oder es Dich aufregt, weil sie stumm oder dumm sind. Immer dann, wenn Dich ein bestimmtes Verhalten Deiner Haustiere (gilt für alle) emotional reagieren lässt … bist Du mit einem Verhalten VON DIR konfrontiert, welches Du aufgrund eines negativen Glaubenssatzes für böse oder schlecht hältst. Somit wird verständlich, warum Du diese bestimmte Eigenschaft unterdrückst und warum Du sie an Deinen Mitmenschen und dementsprechend auch an Deinen Haustieren ablehnst: Weil DU gewohnheitsmäßig in Kategorien denkst, und alle möglichen Eigenschaften in „gute“ und „schlechte“ einteilst. Bleiben wir bei unserem Beispiel.

Schritt 1

Herbert`s Prunkstück ist ein mittelgroßes Aquarium. Er beschreibt seine Fische so: „Die Schleierschwänze gefallen mir am besten. Die sind etwas ganz Besonderes. Sie wirken so majestätisch und edel. Die anderen sind nur verfressen und stumm. Das regt mich derartig auf, dass ich sie manchmal anschreie.“

Schritt 2

Herbert akzeptiert das „verfressene“ und „stumme“ Verhalten seiner Fische als sein eigenes Spiegelbild. Um den beschriebenen Eigenschaften den negativen Touch zu nehmen, verwendet er das Wortspiel (siehe „Die Spiegelgesetz-Methode®“). Das Wort „verfressen“ wird durch das Wort „hungrig“ ersetzt und aus „stumm“ wird „in sich gekehrt“.

Gleichlautend wie in der obigen Beschreibung setzt Herbert das Wort „Ich“ anstelle seiner Fische ein: ICH bin hungrig und in mich gekehrt. Das regt mich so auf, dass ich mich manchmal anschreie. Meine Frage: „Was ist schlecht an hungrigen (wonach?) Menschen, die lieber still und in sich gekehrt sind – anstatt ihren Hunger (= ihr Bedürfnis nach …) laut herauszuschreien?“ berührt Herbert`s blinden Fleck: „Ja, ich bin hungrig! Meine Frau weist mich seit Wochen zurück, sie will keinen Sex mehr.“ Ich: „Haben Sie mit ihr darüber gesprochen? Und zeigten Sie ihrer Frau, wie sehr Sie ihre Berührungen vermissen?“ Herbert: „Nein. Keines von beiden. Ich zog mich lieber ganz zurück und versuche, alleine damit klar zu kommen.“ Ich: „Das ist in Ordnung, dazu haben Sie das Recht. Was ist böse daran?“ Herbert: „Dass ich ein Softi bin … und nicht wie ein richtiger Mann auf den Tisch haue.“ Herberts Überzeugung taucht an die Oberfläche seiner Gedanken und er schreit sie heraus: „Frauen lieben sowieso nur Machos!“

Schritt 3

Nach anfänglichem Zögern erkennt Herbert seinen gewaltigen Irrtum und die damit für ihn verbundenen Folgen. Aufgrund seiner Überzeugung hatte er seiner Gattin ununterbrochen nonverbal signalisiert … „Du liebst mich nicht. Du willst einen Macho.“ Herbert dankt für diese

Erkenntnis und verbrennt ein Blatt Papier mit den Worten: *Frauen lieben nur Machos.*

<u>Schritt 4</u>

Um mehr Selbstsicherheit zu gewinnen, wählt Herbert folgende Idee: *„Ich bin OK. Ich bin ein Mann mit vielen Stärken.“*

Manchmal wirkt es auch auf mich noch verblüffend, wie leicht und wie schnell meine 4-Schritte-Methode funktioniert, um gedankliche Fehlschlüsse, Verurteilungen, negative Glaubenssätze und destruktive Überzeugungen auftauchen zu lassen – von denen sich die Betroffenen fürs erste schon allein dadurch befreien, weil sie ihre lieblosen Gedanken endlich einmal aussprechen! Ich halte das für den ersten aufrichtigen Schritt in die Freiheit.

Und was tun wir in der Regel mit unserem Geist? Wir malen unermüdlich die Bilder vergangener Leidenserlebnisse darauf, über die wir uns liebend gerne entrüsten oder die wir beweinen … anstatt jene Geschichte darauf entstehen zu lassen, die unseren innigsten Vorstellungen entspricht. Wenn wir in meinen Workshops beim vierten Schritt „Neue Idee“ angelangt sind, fordere ich die Leute auf, einen Leitspruch zu wählen, wo „ihnen das Herz aufgeht“, damit sich endlich ihre allerschönste Lebensvision in konkreten Tatsachen spiegeln kann. Erinnerst Du Dich? Die Ursachen Deines Glücks oder Unglücks liegen immer in DEINER Geisteshaltung. Ich empfinde es als Gnade, wählen zu dürfen, ob wir in unseren Gedanken der Liebe Vorrang geben – zu uns selbst, zu unseren Mitmenschen, zu den Tieren, zur Natur, zu den gegebenen Lebensumständen – oder ob wir ein Opfer unserer eigenen (!) schlechten Meinung über … die Welt, die Jugend, die Männer, die Frauen, das Wetter, das Geld und den lieben Gott … bleiben wollen. Diese Wahl jederzeit treffen zu können, verpflichtet mich zu aufrichtigem Dank und vermittelt mir zutiefst, was auch im „Kurs in Wunder“ steht:

Die Macht der Entscheidung ist Dein.

Spinnen, Käfer, Insekten

Persönlich kenne ich niemanden, der Spinnen oder Käfer zu seinen Lieblingen zählt. Bestimmt wagt es der Durchschnittsbürger, mal einen Maikäfer einzufangen oder einen Weberknecht. Aber Spinnen oder Insekten als Haustiere? Fritz, der Sohn einer Bekannten, dürfte da eine Ausnahme sein. Außer einer 1,5 Meter langen Schlange besitzt er auch eine Riesenspinne. Selbstverständlich in einem separaten Glasgehäuse! Die Erzählungen von Frau St. scheinen eine sehr liebevolle Beziehung zwischen Fritz und Spinne „Tamara" zu bestätigen. „Sie lässt sich sogar streicheln!" war die letzte Meldung … ob Du`s glaubst, oder nicht. Dieses Spiegelbild für Fritz zu entschlüsseln, erübrigt sich daher. Ich erwähnte schon mehrmals, dass ich die Anwendung der Spiegelgesetz-Methode hauptsächlich dann empfehle, wenn wir in unangenehme Tatsachen involviert sind.

Mit allem, was wir lieben, sind wir eins. Eins-Sein bedeutet, das Wesen des anderen in unser eigenes Wesen zu integrieren. Wir identifizieren uns mit dem Charakter dieses „anderen", begreifen seine Einzigartigkeit, verstehen seine Reaktionen, mögen seine Eigenheiten und schätzen seine Anwesenheit. Deshalb entwickeln wir weder Distanz, noch irgend einen Widerstand gegen diesen „anderen", egal ob Mensch oder Tier. Probleme mit dem „anderen" bekommen wir nur dann, wenn wir uns weigern, bestimmte Eigenschaften als UNSERE zu akzeptieren. Wir verurteilen bestimmte Verhaltensweisen an unserem Gegenüber und beharren auf unserer vorgefassten Meinung. Wie könnte es dann geschehen, dass wir die *Liebesbotschaft* unseres

Spiegelbildes wahrnehmen? Fritz zum Beispiel sieht in Spinne Tamara *nur* ein Wesen zum Liebhaben. Liebe zu einem Du halte ich für die beste Ausgangsposition, um SELBST vollständiger zu werden – weil wir uns von der Essenz des anderen dort berühren lassen, wo es keine Furcht gibt: In unserem Herzen.

Nach meinen Recherchen zählen Spinnen und Insekten hauptsächlich zu jenen Gottesgeschöpfen, die wir ungern in unserem Wohnbereich vorzufinden wünschen. Warum eigentlich? Was genau ist es, das einer lieben Freundin von mir eine Gänsehaut beschert, begleitet von einem Schrei des Entsetzens, wenn sie einer Spinne begegnet? Selbst ein kleiner Käfer auf dem Fensterbrett kann Ekelgefühle hervorrufen, wie mir verschiedene Personen bestätigten. Solltest auch Du mit Abscheu reagieren, wenn Du mit Spinnen, Käfern oder Insekten konfrontiert bist, könntest Du einmal etwas Neues ausprobieren. Du könntest ein harmloses Experiment wagen und in Deinen Spiegel schauen.

<u>Schritt 1</u>

XY beschreibt folgende Situation: Ich lese gerade die Sonntagszeitung. Da setzt sich eine große, fette, schwarze Fliege auf meine Kaffeetasse. Natürlich verscheuche ich sie! Nach ein paar Sekunden ist sie aber schon wieder da, umschwirrt mich, stört mich beim Lesen! Ich bekomme eine Mordswut. Die Fliege ist derart *lästig*, dass ich mich auf gar nichts mehr konzentrieren kann. Ich hasse Fliegen! Ich hasse überhaupt alles, was herumfliegt!

<u>Schritt 2</u>

XY akzeptiert das „lästige" Verhalten der Fliege als Spiegelbild seiner selbst und ersetzt zum Entschlüsseln das Wort „Fliege" durch das Wort „Ich": ICH setze mich mitten ins Geschehen. ICH lasse mich nicht verscheuchen. ICH bin derart *lästig,* dass ich mich auf nichts anderes mehr konzentrieren kann. Jetzt verwandelt XY das negative Wort „lästig" in seine positive Form „beharrlich, auffällig". Die Frage: „Was ist böse daran, sich durch auffälliges Benehmen mitten ins Geschehen zu setzen, um bemerkt zu werden?" lässt XY zusammenzucken und er sagt: „Ich bekam jedesmal eine Tracht Prügel von meinem Vater, wenn wir Besuch hatten und ich die Aufmerksamkeit meiner Tanten und Onkeln durch allerlei Unfug auf mich ziehen wollte. Ich habe es nie geschafft, im Mittelpunkt zu stehen. Jetzt bin ich zu alt dafür." Resignation und schmerzliche Gefühle der Enttäuschung veranlassen XY, sein negatives Selbstbild in Worte zu fassen: „Ich bin und bleibe ein kläglicher Versager".

<u>Schritt 3</u>

XY nimmt erschüttert und dankbar wahr, wie negativ er jahrzehntelang über sich selbst gedacht hatte. Er begreift plötzlich auch seine Wut auf die „lästige" Fliege. Sie hatte ihm vorgelebt, was er sich selbst sein Leben lang verbot: Das Recht, im Mittelpunkt des Interesses zu stehen, die vollständige Aufmerksamkeit auf sich zu ziehen und wenn nötig, darauf zu beharren. Als Zeichen seines Entschlusses, sich von selbstschädigenden Gedankenstrukturen zu befreien, verbrennt XY einen Zettel mit den Worten: *„Ich bin ein Versager"*.

<u>Schritt 4</u>

XY fühlt sich wie von einer Last befreit. Er formuliert seine neue Lebensregel so: *„Ich gebe mir jetzt das Recht, bemerkt zu werden. Wo immer ich bin, gelange ich leicht ins Zentrum geschätzter Aufmerksamkeit."*

Im folgenden Beispiel wäre es Ironie, von „Haustieren" zu sprechen. Nachdem Du aber die Spiegelgesetz-Methode genauso gut an jedem x-beliebigem Tier anwenden kannst, erzähle ich Dir gerne meinen diesjährigen Urlaubsstart auf der Insel Kos. Nachdem unser Flugzeug fünf Stunden zu spät gelandet war, erreichten wir – eine sehr liebe Freundin und ich – unser Hotel in Marmari endlich nach Mitternacht. Aufgekratzt und dennoch hundemüde ließ ich mich nach zwei eisgekühlten Ouzos in mein Bett fallen. Leider dauerte mein Schläfchen nur eine halbe Stunde oder kürzer. Ich erwachte, weil sich mindestens fünfzig Gelsen an mir labten … Wahrscheinlich hatte das Zimmer 177 schon länger keine Gäste beherbergt, denn die Biester stürzten sich immer wieder in ausgehungerten Scharen auf mich. In meinem Leben gibt es nur noch selten Situationen, die mich aus der Fassung bringen, aber in dieser Nacht bin ich ausgerastet. Einziger Trost in der Geschichte: Dorothea hatte im Nebenzimmer genau dasselbe erlebt …

Schritt 1

Christa beschreibt den Gelsenüberfall: Die Stechmücken stürzten sich in Scharen auf mich, richtig besitzergreifend waren die Biester! Sie ließen mich nicht ruhen, saugten mich aus und sekkierten mich derart, dass ich keinen klaren Gedanken mehr fassen konnte. Ich war den Rest der Nacht damit beschäftigt, meine wunden Körperstellen zu kühlen.

Schritt 2

Christa akzeptiert das Geschehen als analoges Gleichnis, als Spiegelbild ihrer Geisteshaltung, und ersetzt „Gelsen“ durch das Wort „Ich“: ICH stürze mich auf mich, ICH ergreife von mir Besitz. ICH lasse mich nicht ruhen, sauge mich aus und sekkiere mich derart, dass ich keinen klaren Gedanken mehr fassen kann. ICH füge mir damit Wunden zu, die ich dann kühlen muss. Um dem Verhalten der Stechmücken das Negative zu nehmen, verwandelt Christa

„besitzergreifend" in „wertschätzend" … „"aussaugend" in „nehmend" und „sekkant" in „auffällig". „Aha, die Wertschätzung meiner selbst rückt in den Mittelpunkt. Es gelingt mir gut, zu nehmen und das fällt auf!" Die Frage: „Was ist daran verboten? Oder ist es gar böse, wenn ich mir das Beste und Schönste wert bin und es mir nehme?" Es dauert nur ein paar Sekunden, bis Christa ihre bislang unbeachtete Überzeugung in Worte fassen kann: „In meinen Workshops begegne ich manchmal Menschen, die aus ärmlichen Verhältnissen stammen. Ich erinnere mich an eine Frau, die keine zehn Euro zur Verfügung hatte, um sich ein Buch zu kaufen. In dieser, wie auch in ähnlichen Situationen registrierte ich schon öfter folgendes Verbot in meinen Gedanken, schob es aber beiseite: Jetzt muss ich verheimlichen, wie gut es mir geht und ich darf auch kein Geld nehmen."

Schritt 3

Christa bedankt sich für diese wertvolle Botschaft. Die Mücken hatten ihr zu einer verblüffenden Selbsterkenntnis verholfen und einen missachteten Glaubenssatz zum Vorschein gebracht: *Vor armen Leuten muss ich meine Selbstwertschätzung verbergen, um als liebevoll zu gelten.* In Erkenntnis dieses Fehlschlusses verbrennt Christa ein Kärtchen mit diesem Wortlaut.

Schritt 4

Christa`s neue Idee klingt so: *Ich würdige meinen Wert und meine Leistung immer und überall.*

Vielleicht hat Dir meine Umgangsweise mit dem Stechmückenüberfall jenen Klick beschert, den ich am liebsten der ganzen Menschheit schenken würde: Die Spiegelgesetz-Methode IST die einfachste Sache der Welt, weil sie mich innerhalb von ein paar Minuten mit MEINER vorgefassten (negativen) Meinung konfrontiert und weil ich außerdem jedes Mal ein Geschenk empfange, wenn ich die angeblich negativen Eigenschaften meines Gegenübers in ihre positive Form verwandle. Warum? Weil sich mit Hilfe dieser kleinen Wortspielerei meine lieblosen Statements in Luft auflösen – sofort an Ort und Stelle. Noch ein Beispiel:

XY hat ein Problem mit Blattläusen. Er beschreibt sie: „Die fressen alles kahl. Außerdem tarnen sie sich durch ihre Farbe. Man sieht sie nicht! Nur den Schaden, den sie anrichten! Das regt mich am meisten auf." Um dieses Spiegelbild zu entschlüsseln, bringt XY die negativen Eigenschaften der Blattläuse auf den Punkt: Sie sind *verfressen, getarnt und schädlich.* Ins Positive verwandelt klingen die drei Eigenschaften so: Sie sind *hungrig, sie schützen sich gut und hinterlassen deutliche Zeichen ihrer Anwesenheit.* DAS ist die wirkliche Botschaft der Blattläuse, die XY`s Obstbäume bevölkern. Ich formuliere sie nochmals, damit XY das Geschenk seines Spiegelbildes „Verfressene, getarnte, schädliche Blattläuse" erkennt und in Empfang nimmt: **ICH** *(= XY) bin hungrig. ICH kann mich gut schützen. ICH hinterlasse deutliche Zeichen meiner Anwesenheit* – und das ist OK … müsste XY jetzt verkünden … Aber – er zögert. XY sucht seit Monaten einen Job. Seinen *Hunger nach einem neuen Tätigkeitsbereich* kann er nicht bejahen. Die Frage: „Was ist schlecht an arbeitslosen Menschen?" bringt sofort seinen negativen Glaubenssatz zum Vorschein: „Weil sie Staats-Schmarotzer sind." Mit dieser Glaubenshaltung verhindert XY das Ja zu sich selbst in der gegebenen Situation als Arbeitsloser. Nachdem jedes Nein, das wir uns selbst gegenüber pflegen, eine Lieblosigkeit darstellt … wird auch XY klar, was er als Zeichen seiner Selbstwertschätzung zu tun hat: 1. Seine schlechte Meinung über Arbeitslose akzeptieren. 2. Diese Gedanken aufgeben.

3. Eine neue Idee zu diesem Thema finden. Zum Beispiel: „Ich erfahre jetzt dankbar den Sinn meiner Ruhephase" oder: „Ich hungere nach meiner idealen Tätigkeit. Also bitte lieber Gott, tue etwas!" So weit gekommen, hat XY die Blattläuse in seinem Garten schon fast vergessen. Nein, das stimmt nicht ganz. Letzten Sonntag fand XY noch zwei Stück auf seinem Marillenbaum … die er in der Wiese nebenan frei ließ … im Einklang mit sich selbst.

Käfig oder Freiheit

Was im Außen ist – das ist in MIR. Deshalb wage ich zu behaupten, dass jedes Haustier in einem Käfig einen *sicher verwahrten Wesensinhalt* des betroffenen Tierhalters spiegelt. Bitte verzichte jetzt auf Argumente, wie zum Beispiel: Schildkröten erfrieren im Winter, würde man sie im freien Gelände aussetzen. Wie in den vorherigen Kapiteln geht es auch in diesem nicht um rationale Erklärungen, sondern um *Gleichnisse.* Durch ein bestimmtes „Tier im Käfig" schafft sich dessen Besitzer ein ihm entsprechendes Spiegelbild, das viel über ihn selbst aussagt. Wir ersetzen wiederum „Tier im Käfig" durch das Wort Ich (= Besitzer): ICH (ein Teil von mir) brauche Schutz. ICH benötige Grenzen. ICH brauche Sicherheit. In einem bestimmten Punkt verzichte ICH auf meine Freiheit. Selbstverständlich spielt es beim Entschlüsseln eine entscheidende Rolle, um welches Tier es sich dabei handelt. Es ist ein Unterschied, ob jemand eine weiße Maus in einen Käfig sperrt, oder eine Raubkatze. Ich übertreibe nicht, weil ich tatsächlich einen Zauberer kenne, der einen Gepard als Haustier besaß. *Welches* Käfig-Tier ich bevorzuge … lässt mich also jenen Teil meines Wesens erkennen, den ICH in Verwahrung halte. Diese Tatsache könnte mir ein paar AHA-Erlebnisse bescheren … weil mir das Tier im Käfig spiegelt, *welchen* Teil von mir ich schütze, eingrenze, absichere, versperre … eben nicht frei lasse!

Wie ich Dir schon erzählte, fühlte ich mich als Kind und auch noch als Teenager besonders zu Goldhamstern und Meerschweinchen hingezogen – also zu Nagetieren, die ihr Dasein großteils in einem Käfig fristen. Ich war Anfang zwanzig, als meine Meerschweinchen-Dame Putzi starb.

Sie war mein letztes Käfig-Tier. Als analoges Gleichnis meiner damaligen Lebenseinstellung hört sich das so an (Goldhamster, Meerschweinchen im Käfig = Ich):

Meine Goldhamster schafften es problemlos, sich Vorräte anzueignen. Mit vollgestopften Backen schufen sie sich ein Nest im dunkelsten Winkel ihrer Behausung, wo ihnen die gehorteten Köstlichkeiten rund um die Uhr zur Verfügung standen. Versuchte ich dort einzudringen ... „Pitzilein, komm heraus!" musste ich mit einem blutigen Finger rechnen. Meine Hamster konnten die Grenzen ihrer Privatsphäre sehr gut verteidigen. Diese zwei Eigenschaften meiner goldigen Lieblinge nun auf mich umgemünzt: *ICH schaffe es problemlos, mir Vorräte anzueignen. In meinem Nest stehen mir die gehorteten Köstlichkeiten rund um die Uhr zu Verfügung. Die Grenzen meiner Privatsphäre kann ich sehr gut verteidigen.* Kurzum spiegelten mir meine Hamster im Käfig zwei Wesenszüge von MIR, die damals noch „eingesperrt" waren, also nicht gelebt: *Gut für mich selbst sorgen und persönliche Grenzen wahren.* Als mein Sohn geboren wurde, war ich 27. Ungefähr ein Jahr davor hatte ich plötzlich keine Lust mehr, ein neues Käfigtier aufzunehmen. Begreifst Du den Zusammenhang? Ab dem Moment ich gut für mich selbst sorgen konnte (als Sekretärin in der Forschungsabteilung eines Pharmakonzerns verdiente ich sehr gut) und ab dem Moment ich zu meinen persönlichen Grenzen stand (in meiner ersten Eigentumswohnung benahm ich mich des öfteren wie eine Löwin, die ihren Bau verteidigt), hatte ich die Liebesbotschaft meiner geliebten Nager für mich umgesetzt: Ich hatte zwei meiner Stärken aus ihrem Gefängnis befreit. Pitzi war mein letzter Goldhamster. Nach seinem Tod erwachte in mir die Neugierde auf ein Meerschweinchen. Ich korrigiere ... auf viele Meerschweinchen.

Wegen seiner Außergewöhnlichkeit möchte ich nochmals Domenico erwähnen, weil er mir Eigenschaften spiegelte, die ich damals noch zum Großteil in einem unsichtbaren Käfig hinter Schloss und Riegel hielt. Domenio war in meinen Augen ein schwarzer Meerschweinchen-Sir. Seine stolze Männlichkeit gefiel mir am besten. Ich bewunderte seine Intelligenz, seine kompakte Erscheinung und sein rasches Auffassungsvermögen – kurzum seine dominante Einzigartigkeit. Entschlüsselung (Domenico = ein Wesensanteil von mir): *Ich bewundere MEINE Intelligenz, MEINE „kompakte" Erscheinung und MEIN rasches Auffassungsvermögen – kurzum MEINE dominante Einzigartigkeit* – halte aber diesen Wesenszug von mir noch zurück (Spiegelbild Käfigtier!). Später, als alleinerziehende Mutter voll im Beruf stehend, forderten mich die gegebenen Lebensumstände auf, Dominanz zu beweisen. Du kannst es auch männliche Tatkraft nennen, oder Yang-Energie. Ich erinnere mich an einen lieben Freund, der mir an einem lauen Sommerabend anstelle einer Liebeserklärung folgendes ins Gesicht sagte: „Christa, vor Dir muss man sich ja fürchten." Kannst Du nachempfinden, mit wieviel Power ich meine dominante Einzigartigkeit damals hervorkehrte? Meine Intelligenz, wie auch mein rasches Auffassungsvermögen halfen mir enorm bei meinem Berufswechsel. Im Karenzjahr ließ ich mich am Berufspädagogischen Institut in Wien umschulen und wurde Lehrerin für Stenotypie und Textverarbeitung.

Nach Domenico`s Tod besaß ich noch einige andere Meerschweinchen. Ich zog sie den Goldhamstern vor, weil sie sich problemloser knuddeln ließen. Es machte ihnen nichts aus, wenn ich ihren Schlaf störte und sie im Überschwang meines Streichelbedürfnisses aus ihrer Behausung nahm. Kurzum spiegelten mir die Meerschweinchen jene beachtenswerte Eigenschaft, die ich als „Zulassen von Nähe“ bezeichne. Entschlüsselung (Meerschweinchen = ein Wesensanteil von mir): *MIR macht es nichts aus, wenn ich aufgeweckt und geknuddelt werde. ICH lasse körperliche Nähe zu* – nur ist diese Eigenschaft von mir blockiert (Spiegelbild Käfigtier!). Um diesen Wesenszug aus seiner Gefangenschaft zu befreien, brauchte ich einige männliche Spiegelbilder, die meine Angst vor Nähe geradezu herausforderten. Ja, und heute genieße ich es, geknuddelt und liebkost zu werden.

Mit diesen Beispielen aus meinem Leben will ich aufzeigen, dass es sich immer um ganz bestimmte Eigenschaften handelt, die wir aus einem ganz bestimmten Grund zurückhalten. Der äußere Käfig entspricht einem unsichtbaren, inneren Käfig … in dem wir Wesensanteile von UNS sicher aufbewahren. Um welche Eigenschaften es sich dabei handelt, ist ganz leicht herauszufinden: Was DIR an Deinem Wellensittich, Deinem Chinchilla, Deiner Maus … eben an Deinem Käfigtier … besonders auffällt, sind jene Verhaltensweisen, die DU zu wenig oder gar nicht auslebst. Das ist weder gut, noch schlecht – sondern nur ein Dir entsprechendes Spiegelbild, das Dir bei Deiner Selbstfindung nützlich sein kann.

Nutztier, was ist das?

Angeblich gehören Schweine, Rinder, Schafe und Pferde zur Gruppe der sogenannten „Nutztiere“. Wie dieser Begriff schon ausdrückt, benützen wir Tiere für bestimmte Zwecke. Ich sehe darin weder Falsches, noch Schlechtes – solange wir Tiere als unsere Helfer würdigen. Auch ein Schwein, eine Kuh, ein Pferd und ein Schaf spiegeln MICH – ob mir das recht ist, oder nicht. Und deswegen halte ich es für ein Horror-Szenario, wenn vor unseren Augen 300 Schweine verenden, weil sie zusammengepfercht in einem holländischen Sattelzug mehr als zwanzig Stunden lang ohne Flüssigkeit und Nahrung transportiert wurden. Ein anderer Fall: 34 trächtige Kühe waren kürzlich von Hannover zum Bestimmungsort irgendwo am Mittelmeer unterwegs. Die dortigen Behörden verweigerten die Entladung des Tiertransports. Ganze zwei Wochen wurden die werdenden Mütter in ihrem Gefängnis der prallen Sonne ausgesetzt, bis der Laster endlich geöffnet wurde … Zwei Kühe waren schon tot, die restlichen 32 wurden wegen Untauglichkeit für menschliche Zwecke erschossen. Mir kommen die Tränen.

Ich denke, diese zwei Beispiele genügen, um auch in Dir jene notwendige Portion Mitverantwortung zu wecken, die das grenzenlose Leid unserer „Nutztiere“ verringern kann. Wir alle sind an der Not unserer Tiere beteiligt, solange wir glauben … „Das geht mich nichts an. Irgend jemand wird sich schon darum kümmern …“ Oder würdest DU es etwa gut heißen, wenn DICH jemand in einem verriegelten Waggon einfach vergisst? Möchtest DU mit hundert anderen Personen in einen Sattelschlepper gequetscht werden, der dreitausend Kilometer unterwegs ist? Könntest DU es verkraften, Deine erschöpften Freunde neben Dir sterben zu sehen? Möchtest DU jemandem ausgeliefert sein, der Dich mit einem Gebrauchsgegenstand verwechselt? Bitte entschuldige meine drastische Ausdruckweise. Ich versuche damit nur, Dir begreiflich zu machen, dass diese Schreckensszenen Spiegelbilder von uns allen sind. Es ist UNSERE kollektiv-lieblose Geisteshaltung, die dementsprechend lieblose Tatsachen hervorruft. WIR sind es, die mit lebendigen Wesen hantieren, als wären es Maschinen ohne Leib und Seele. Anstatt den Kühen, Schafen oder Schweinen für ihre Nützlichkeit zu danken – indem wir sie zumindest artgerecht behandeln – missbrauchen wir sie für unsere Zwecke und werfen sie anschließend in den Müll … so kommt mir das vor, wenn ich mir Fotos von gequälten Versuchstieren ansehe … oder von Kühen, die kopfüber an einem (!) Hinterbein hängend per Kran von einem Laster auf ein Schiff verladen werden … Das grausame Schicksal unserer Nutztiere brennt in meinem Herzen – weil sich darin die herzlose Geisteshaltung der gesamten Menschheit spiegelt. Die lieblose Umgangweise mit Nutztieren reflektiert ein Glaubensvermächtnis, das meiner Ansicht nach keinem Menschen zusteht: Macht willentlich zu missbrauchen.

Auf keinen Fall möchte ich an dieser Stelle versäumen, meine Hochachtung all jenen auszusprechen, die manchmal sogar ihr eigenes Leben riskieren, um „verbrauchte" Tiere zu retten. Überhaupt danke ich allen Menschen, die in Kühen, Pferden und Schweinen … in Labor-Versuchstieren … in Hühnern und Wachhunden … nicht nur praktische Nützlichkeit wahrnehmen, sondern auch jenes Wunder, das zwischen Mensch und Tier keinen Unterschied erlaubt: Gott schuf den Menschen UND das Tier. Alles Lebendige hat ein und denselben Schöpfer, also sind Menschen und Tiere ihrer

Herkunft nach identisch. Ich habe denselben „Vater“ – Du kannst ihn auch „Ursprung“ nennen – wie mein Hase, mein Schaf, meine Kuh und mein Jagdhund ... Ist das nicht Grund genug, meine vierbeinigen Geschwister würdevoll zu behandeln?

Ich versuche jetzt ein gewagtes Experiment. Nehmen wir das Beispiel mit den trächtigen Kühen. Anstelle einer Einzelperson, die ein aktuelles Spiegelbild beschreibt, wähle ich dieses Mal das Wort „Wir“ (= wir Menschen) – als Bekenntnis meiner Mitverantwortung.

Schritt 1

In Hannover verladen wir 34 trächtige Kühe in einen LKW. Der Tiertransport ist für einen fernen Ort irgendwo am Mittelmeer bestimmt. Es handelt sich um eine Strecke von über zweitausend Kilometern. Nachdem wir möglichst rasch unser Ziel erreichen wollen, halten wir nur zweimal. Um noch mehr Zeit einzusparen, verzichten wir in diesen Kurzpausen darauf, die werdenden Mütter ins Freie zu lassen und sie zu laben. Endlich am Bestimmungsort, verweigern wir die Entladung unseres Lasters ganze zwei Wochen lang. Die brütende Hitze sorgt für Temperaturen um vierzig Grad im Schatten. Das bedeutet etwa siebzig/achtzig Grad in unserem Laster. Als wir diesen schließlich öffnen, sehen wir ein Bild des Grauens. Zwei tote Kühe und über dreissig total erschöpfte, teilweise zusammengebrochene Tiere, die verzweifelt um den letzten Lebensfunken kämpfen. Wir stellen fest, dass uns dieser Elendshaufen keinen Nutzen mehr bringen kann und erschießen kurzerhand die ganze Schar.

Schritt 2

Zum Entschlüsseln ersetze ich jetzt „Kühe“ durch „Menschen“ (= wir, = ich):

Wir verladen uns zusammen mit anderen in einen LKW. Nachdem wir unser Ziel rasch erreichen möchten, halten wir auf einer Strecke von über zweitausend Kilometer nur zweimal. Wir verzichten in diesen Pausen darauf, uns ins Freie zu lassen und uns zu laben. Endlich am Bestimmungsort, verweigern wir uns weitere zwei Wochen lang die Erlösung aus unserer Qual, trotzdem unser Gefängnis bereits tödliche Temperaturen anzeigt. Als wir uns endlich frei lassen, sind wir tot, zusammengebrochen oder kämpfen um den letzten Lebensfunken. Wir stellen fest, dass wir keinen Nutzen mehr bringen und erschießen uns.

Jetzt setze ich das Wort „Ich“ anstelle von „Wir“ ein, um MEINEN Teil jener Mitverantwortung zu erspüren, den ich vorhin schon erwähnte:

ICH will MEIN Ziel möglichst rasch erreichen. ICH verzichte darauf, MICH zu laben. ICH verweigere MIR die Freiheit. ICH quäle MICH. ICH breche zusammen. ICH kämpfe um den letzten Lebensfunken. ICH stelle fest, dass ICH zu nichts mehr zu gebrauchen bin. Ich töte MICH.

Zutiefst erschüttert nehme ich wahr, wie unvorstellbar herzlos ich mit mir umgehe. Und ich frage mich … welcher lebensunwürdige Glaubenssatz es ist, der mich dazu veranlasst …

Liebe/r Leser/in, ich erlaube mir, in diesem Beispiel auf die Schritte 3 und 4 zu verzichten. Nicht etwa deswegen, weil mir dazu nichts einfällt. Sondern weil ich Dich bitte, dass Du Dir selbst irgendwann dafür Zeit nimmst. Danke – von ganzem Herzen.

Rinderwahn

Ich brauche Dir die Titelzeile nicht zu erklären. Sämtliche Medien berichteten ausführlich von jener unfassbaren Katastrophe, die ich als Holocaust an mindestens einer Million unschuldiger Tiere bezeichne, und … für den ich mitverantwortlich bin. Warum, möchtest Du wissen? Weil ich zur selben Gattung „Mensch" gehöre, die Pflanzenfressern Tiermehl verfütterte und sie damit in den Wahnsinn trieb.

Bestimmt hast Du schon oft genug gehört, dass Selbsterkenntnis bei MIR SELBST beginnt – und nicht bei den anderen. Solange ich denke … dass die „anderen" (die Regierung, die EU, die Frächter, die Behörden, die Politiker usw.) für die sinnlose Tötung von Rindern, Schafen und Schweinen verantwortlich ist, wird sich wenig ändern. Warum? Weil ich schon allein durch meine Teilnahmslosigkeit bekunde, dass ICH mich als *Teil der gesamten Menschheit nicht* erkennen möchte. Natürlich ist das mein gutes Recht. Gott billigt mir Handlungsfreiheit ebenso zu, wie die Macht, Entscheidungen zu treffen. Wenn ICH also im Geiste die Entscheidung treffe … die „anderen" sollen sich um das Wohlergehen unserer Tiere kümmern … schanze ich damit auch MEIN Wohlergehen jemand anderem zu – anstatt mich selbst dafür einzusetzen. Alles Geschehen ist nur ein Gleichnis. Wenn ICH im Fernsehen Massentötungen sehe und pausenlos über den Rinderwahn informiert werde, ist das nicht nur ein Spiegelbild für die unmittelbar Involvierten (die Regierung, die EU, die Frächter, die Behörden, die Politiker, die Bauern usw.), sondern auch für mich. Ich habe damit die Chance, MICH als mitverantwortlichen Teil des kollektiven Unbewussten gespiegelt zu sehen und einen lieblosen Glaubenssatz von MIR ans Licht zu bringen:

Schritt 1

Beschreiben: Tausende Rinder erkrankten an BSE, weil sie kein artgerechtes Futter bekamen. Unzählige kranke Tiere mussten geschlachtet werden. Die Angst, vom Rinderwahn angesteckt zu werden, bewirkte einen drastischen Rückgang des Fleischkonsums. Wohin also mit den überzähligen gesunden Rindern, wenn kaum noch Bedarf an Frischfleisch besteht? Dieses Problem ist rasch gelöst. Mehr als eine Million kranke *und* gesunde Tiere werden getötet.

Schritt 2

Zum Entschlüsseln ersetze ich das Wort „Rinder" durch das Wort „Ich": ICH bin krank, weil ICH keine menschenwürdige Haltung annehme. Unzählige meiner erkrankten Seinsgenossen sind schon tot. Die Angst, von diesem Wahnsinn angesteckt zu werden, bewirkte einen Rückgang des Konsumierens. Wohin also mit mir, wenn kaum noch Bedarf an mir besteht? Dieses Problem ist rasch gelöst. Mit mir sterben Millionen anderer.

Auf den Punkt gebracht, hört sich die Botschaft FÜR MICH so an: In meiner Geisteshaltung herrscht eine solche Verwirrung, dass ich davon krank werde. Meine Krankheit bewirkt aber einen Rückgang des Konsumierens. Das bedeutet – **ICH** soll damit aufhören, zu konsumieren und mich konsumieren zu lassen. Wenn ich mir nun vorstelle, dass mich keiner mehr braucht, bekomme ich eine solche Angst, dass ich lieber sterbe, anstatt mich ihr zu stellen.

Fällt Dir auf, dass diese Entschlüsselung bereits eine neue Geisteshaltung avisiert? Ich formuliere sie nochmals überdeutlich: *ICH höre jetzt mit dem Konsumieren auf und gehe damit das Risiko ein, mich meiner großen Angst vor dem Unbekannten zu stellen, weil ICH am Leben bleiben will.* Macht nichts, das war schon ein Vorgriff auf Schritt 4.

Schritt 3

Ich bedanke mich aufrichtig für das Geschenk dieser Selbsterkenntnis. Als Zeichen meines Entschlusses, mich Schritt für Schritt von meinen geistigen Irrtümern zu befreien, verbrenne ich zwei Kärtchen mit den Worten *„Konsumieren ist ein Ausdruck von Liebe." – „Nur der Tod heilt meine Angst."*

Schritt 4

Ich konzentriere mich auf etwas Neues, das sich so anhört: *Liebe heilt mich jetzt – und ich umarme überglücklich mein neues Leben!*

Wenn Du gelernt hast, auch mit weltweiten Hiobs-Botschaften *selbstzentriert* umzugehen, bewirkst Du mehr, als Du wahrscheinlich vermutest! Als würdest Du einen Stein ins klare Wasser eines Bergsees werfen, verbreiten sich Deine Gedanken wie die Wellen auf der Wasseroberfläche. Je mehr Menschen sich dazu entschließen, ihre eigene lieblose Geisteshaltung zu revidieren, desto rascher verliert das negative Kollektiv an Bedeutung. Ich KANN also etwas bewirken und Du auch. Weil es unser Geist ist, der Tatsachen schafft – und nicht umgekehrt. Jedesmal, wenn DU Dich von einem negativen Glaubenssatz verabschiedest, befreist Du gleichzeitig viele andere mit Dir. Wenn Du und ich als Spiegelbild unserer Geisteshaltung einen Holocaust an unschuldigen Tieren sehen, wäre es ziemlich töricht von uns, die wirkliche Botschaft zu missachten: *Dass wir uns selbst in den Tod treiben, solange wir Liebe mit Konsumieren verwechseln.* Für diesen Trugschluss ist ein Glaubenssatz in Deiner und meiner … in unser aller … Geisteshaltung verantwortlich. Ihn herauszufiltern und aufzugeben, ist mit der 4-Schritte-Methode eine ganz einfache Angelegenheit … die nicht nur Dir und mir Liebe beweist, sondern dem Wohlergehen des ganzen Universums dient. Der Geist benötigt keine Zeit, um ferne Kontinente zu erreichen. Und deswegen habe ich jetzt eine Bitte an Dich: Verbrenne ein Blatt Papier mit den Worten „*Konsumieren* (= verwenden, ausnützen, einverleiben, benützen) *ist ein Ausdruck von Liebe*". Ich danke Dir von ganzem Herzen! Prüfe vorher für Dich selbst, wie sich dieser Glaubenssatz in Deinem Leben auswirkt. Ich empfehle Dir folgende Selbstbefragung:

„Gibt es Personen in meinem Umfeld, deren Hilfsbereitschaft ich selbstverständlich finde?" „Befindet sich jemand in meiner Nähe, der mich als … Psychologe, Köchin, Rund-um-die-Uhr-Hotline, Tischler, Kundendienst usw. … benützt?"

- „Wen würde ich mir am liebsten einverleiben?"
- „Wer möchte mich aus *Liebe* auffressen?"
- „Verwende ich mein Haustier als Partnerersatz?"
- „Verwechsle ich Güte mit Grenzenlosigkeit, indem ich Ja sage, obwohl ich Nein meine?" „Wessen Weichheit nütze ich aus, um zu erreichen, was ich will?"
- „Kenne ich eine Person, die meine Talente, meine Fähigkeiten und meinen Erfolg benützt, um sich ohne Selbstbeteiligung daran zu bereichern?"

Wenn Du ganz ehrlich antwortest, wirst Du allmählich begreifen, was genau es ist, das dem *negativen, kollektiven Unbewussten* immer noch so viel Macht verleiht : Mein … Dein … unser … NICHT BEACHTETER Anteil daran!

Solange ICH denke: „Rinderwahn? Massentötungen? Damit habe ich nichts zu tun!“, erkläre ich mich damit einverstanden, aus Lebewesen (inklusive meiner selbst) Konsumgüter und Wegwerfartikel zu machen – anstatt sie und mich zu *lieben* … denn „Wer schweigt, bekennt“ meinten schon die alten Griechen.

Massenschlachtung

Wenn eine Antilope von einem Löwen gerissen wird, halte ich das für einen natürlichen Vorgang. Die stille Übereinkunft zweier Tierseelen drückt sich im friedlichen (Gesichts-) Ausdruck des sterbenden Tieres aus. Vor kurzem sah ich mir in einer Fernsehsendung den Ablauf einer Rindermassenschlachtung an, um mich bewusst damit zu konfrontieren. Ich gehörte früher auch jener anonymen Masse an, die solche Themen meiden. Verständlich – denn wer würde schon freiwillig mit unsagbarem Tierleid in Berührung kommen wollen, ohne selbst betroffen zu sein? Ich habe meine Tränen akzeptiert und bis zum Schluss der Reportage durchgehalten, damit ich jetzt in diesem Buch mein Entsetzen ausdrücken kann. Nicht, um zu beschuldigen und auch nicht, um zu verurteilen. Sondern um MICH als Teil jener Menschheit zu erkennen, der die Todeszeit lebendiger Wesen bestimmt, um Profit daraus zu schlagen.

Die Kühe, Kälber, Stiere und Ochsen schleppten sich durch ein Gestänge dicht aneinander gepresst in Richtung Schlachtschussapparat. Ich weiß nicht mehr, wie viele Rinder es waren, die von den Schlägen der Aufseher vorangetrieben wurden. Jedes einzelne Tier dort drinnen erlebte hautnah den Tod seiner Vorgänger mit. Mütter sahen die schreckgeweiteten Augen ihrer Kinder oder Geschwister … ihrer Artgenossen … und schließlich deren Zusammenbruch nur ein paar Zentimeter vor den eigenen Beinen. Manche lebten noch, weil der Schlächter daneben getroffen hatte. Dennoch lief der Schlachtvorgang weiter nach den gegebenen Vorschriften ab. Kopfüber aufhängen … aufschneiden …

Es liegt mir fern, noch mehr Fakten aufzuzählen, die mich als mitverantwortlichen Teil kollektiver Herzlosigkeit entlarven. Ich habe mich schon tausendmal gefragt, was es ist, das mich an Lebendtier-Transporten und Massenschlachtungen so fürchterlich erschüttert. Was bei meiner Selbsterforschung herauskam, gebe ich hiermit an Dich weiter: Mein Schmerz resultiert nicht aus der Tatsache, dass jedes Leben eines Tages mit dem physischen Tod endet. Mein Herz beginnt immer dann zu weinen, wenn Schlachttiere auf ihrem letzten Weg *lieblos und unwürdig* behandelt werden. Auch mich umgemünzt und entschlüsselt bedeutet das:

Schritt 1

Die Beschreibung liegt bereits vor.

Schritt 2

Anstelle des Wortes „Schlachttiere“ setze ich das Wort „Ich“ ein:

Mein Schmerz resultiert nicht aus der Tatsache, dass mein Leben eines Tages mit meinem physischen Tod endet. Mein Herz beginnt immer dann zu weinen, wenn ich auf meinem letzten Weg lieblos und unwürdig behandelt werde. Das bedeutet … ICH füge mir selbst einen fürchterlichen Schmerz zu, solange ICH denke … ich sterbe ohnehin bald, also ist es egal, wie ich mich behandeln lasse. Das bedeutet genauso … Ich schade MIR, solange ICH denke … XY wird sterben und ich kann ich nichts tun, um XY eine würdevolle Behandlung in seiner letzten Stunde zu garantieren. **ICH** soll also damit aufhören, mich *MEINER Resignation zum Thema „Würde/Würdigkeit aller Lebewesen inklusive meiner selbst“ zu beugen* – weil ich MIR damit schade. ICH bin aufgerufen, MEINE Geisteshaltung zu prüfen und jenen Glaubenssatz ans Licht zu bringen, der mich veranlasst, lebendige Wesen bei ihrem Abschied von dieser Welt wie Alteisen herum zu schubsen. Auf den Punkt gebracht: Ich soll also MEINEN persönlichen Anteil an kollektiv roher Umgangsweise mit „alten, zwecklos gewordenen, untauglichen" Lebewesen (Menschen, Tiere, Pflanzen ...) herausfinden, um der regierenden, blinden Herzlosigkeit ein Stück von ihrer Macht zu nehmen.

Schritt 3

Ich bedanke mich ziemlich berührt für diese Erkenntnis, weil ich erst vorige Woche ein halb verblühtes Zimmerveilchen samt Blumentopf in den Müll warf, ohne mich für die Freude zu bedanken, die es mir wochenlang geschenkt hatte. Mir war überhaupt nicht in den Sinn gekommen, die Pflanze zu düngen oder umzutopfen. Mit verwelkten Blüten erfüllte sie keinen Zweck mehr für mich. Dank MEINER Lieblosigkeit verbrachte das Veilchen seine letzte Stunde zwischen Cola-Dosen und stinkendem Hausmüll. Als Zeichen meines Entschlusses, mich von meinem Wurstigkeitsstandpunkt zu befreien, verbrenne ich ein Kärtchen mit den Worten *„Würdevolle Behandlung ist kein Recht für alle Lebewesen – sondern nur für jene, die mir einen Vorteil bringen."*

Schritt 4

Als geistige Stütze für meine Bereitwilligkeit, einen neuen Standpunkt einzunehmen, wähle ich: *„Du bist ich. Ob Du ein verdorrter Kaktus bist, ein zu schlachtendes Rind, eine betagte Katze, meine 80jährige Nachbarin oder mein schwerhöriger Urgroßvater. Du bist dasselbe, wie ich: Ein* **Lebewesen**, *das ich vom ersten bis zum letzten Augenblick würdige."*

Ich danke Dir, wenn Du DEINEN speziellen Anteil an unbeachteter Rohheit gegenüber Lebewesen (inklusive Deiner selbst) aus seinem Gefängnis erlöst. Folgende Fragen können Dir behilflich sein:

„Kommt es vor, dass ich vergesse, meine (Goldfische … Katze … Hunde … Wellensittiche …) zu füttern und ihre Behausung sauber zu halten?"
„Sorge ich dafür, dass meine Wohnung ein würdiger Ort zum Wohlfühlen ist?"
„Öffne ich meiner betagten Nachbarin die Tür, wenn sie Hilfe braucht?"
„Würdige ich meine Schönheit, obwohl ich schon über fünfzig bin?"
„Halte ich meinen Großvater für würdig genug, dass ich ihn öfter besuche?"
„Gehe ich mit meiner Zimmerpflanzen würdevoll um?"
„Habe ich für mein letztes Lebensdrittel so gut vorgesorgt, dass ich mich darauf freue?"
„Streichle und tröste ich mein(e) Haustier(e), wenn sie krank sind? Spreche ich mit ihnen?"
„Bin ich davon überzeugt, dass Tiere und Pflanzen gefühllose Wesen sind?"
„Lasse ich mich von anderen behandeln, als wäre ich ein Stück Alteisen für den Container?"
„Rechtfertige ich meine bisweilen auftretende, (derbe, rohe, harte, lieblose) Umgangsweise mit Menschen, Tieren oder Pflanzen mit den Worten: Der/die braucht das so … ?"

Bitte ergänze selbst diesen Fragenkomplex. Beleuchte auch die hintersten Winkel in Deiner Geisteshaltung, wo sich allzu gerne lieblose Glaubenssätze verstecken, die Du noch nie hinterfragt hast. Natürlich kannst Du Dich auch direkter fragen: „Mit welchem (kleinmachenden) Verhalten (= Folge meines Glaubenssatzes) beweise ich mir tagtäglich meine Unwürdigkeit (Unfähigkeit), Liebe zu schenken und anzunehmen?"

Ich möchte auch in diesem Kapitel nicht versäumen, meinen innigsten Dank und meine Hochachtung auszusprechen. Viele Menschen setzen sich schon dafür ein, Schlachttieren einen würdevolleren Tod zu ermöglichen. Viele andere plädieren für weniger Fleischkonsum, um der willkürlichen Tötung von Tieren eine Grenze zu setzen. Und einige retten sogar Tiere, die fürs Schlachten bestimmt sind. Im Wiener Tierschutzhaus lebt zum Beispiel ein ehemaliges Rennpferd. Für diesen Zweck untauglich geworden, wurde es zum Schlachten bestimmt. Ohne zu zögern bezahlte irgend ein Engel in Frauengestalt dem Schlächter eine fünfstellige Summe und ermöglichte damit dem zum Tod verurteilten Gottesgeschöpf einen Lebensabend, der Würdigkeit und Liebe ausdrückt.

Gottesgeschöpfe

Welches Merkmal unterscheidet uns Menschen vom Tier? Ich meine damit nicht das Aussehen, sondern etwas Essentielles. Seit vielen Jahren setze ich mich damit auseinander, was es wohl ist, das mich über das tierische Wesen weit hinaus hebt. Der Mensch wird oft als „Krone der Schöpfung“ bezeichnet. Mit Recht, würde ich sagen. Weil wir Menschen die einzigen Lebewesen auf Erden sind, die mit einem FREIEN Willen ausgestattet sind.

Was MICH also zum Beispiel von Bonnie, unserer Yorki-Dame, unterscheidet – ist MEINE MACHT, Entscheidungen treffen zu können, die mich UND meinen Hund aus tiefstem Herzen zufrieden stellen. Diese Wahl steht mir in jeder Minute frei. Ich – als Krone der Schöpfung – darf WÄHLEN, wofür ich mich stark mache: FÜR Liebe und Würde … oder GEGEN Liebe und Würde. **Es ist das alleinige Privileg des Menschen, seinen WILLEN auf die Würdigkeit aller Lebewesen lenken zu dürfen.** Natürlich steht es uns frei, auf dieses Vorrecht zu verzichten. Der liebe Gott mischt sich da nicht ein … weil unser Wille und Gottes Wille ein und dasselbe ist. Kraft unserer frei wählbaren Geisteshaltung sind wir Menschen imstande, Tatsachen zu verwirklichen!

Als Gott die Tiere erschuf, dachte er wohl: „Ihr seid meine geliebten Geschöpfe … und deshalb ist es euch gegeben, Liebe in ihrer reinster Form zu vermitteln. Ich segne euch besser nicht mit einem freien Willen. Denn würdet ihr damit genauso wahllos experimentieren, wie die Menschen, wäre ich sehr, sehr traurig … Mir reicht es absolut, den holprigen Versuchen der Menschheit zuzusehen, Gottes Macht zu gebrauchen.“ Vielleicht möchtest Du für diesen Monolog Deine eigenen Worte finden?

Unserer HERKUNFT nach sehe ich keinen Unterschied zwischen Mensch und Tier, *weil alle Lebewesen Gottesgeschöpfe* sind. Wir haben denselben „Vater“ und daher sind wir in Wirklichkeit eine Familie, auch wenn wir das leider manchmal vergessen. Meine Katze, mein Hamster, mein Pferd, mein Schwein, mein Hund … mein Haustier … ist nicht nur ein unschuldiges, liebendes, vollkommen reines Gottesgeschöpf – sondern es ist mein Bruder. Und jetzt kommt es darauf an, wie ICH mit meinen Brüdern und Schwestern umgehe. Warum, fragst Du? Weil ICH mich selbst genauso behandle, wie ich mit anderen Lebewesen verfahre. Jede Rohheit einem Tier gegenüber entspricht den unsichtbaren Peitschenhieben, die sich der/die Betroffene selbst zufügt. In der Geisteshaltung von Tierquälern regiert Qual, anstatt Zuneigung … und Schmerz, anstelle von Fürsorge, Würde und Verständnis. Ich glaube kaum, dass durch Bestrafung der Übeltäter jenes Wunder geschieht, das ich uns allen wünsche: Die Berichtigung unserer schmerzlichsten Gedanken. Erst wenn der Tierquäler SEINE inneren Qualen akzeptiert … SEINE Verlassenheit, SEINE Angst, SEINE Isolation, SEINE unerfüllten Sehnsüchte, SEINE Bitterkeit … wird er empfänglich für das Leid der Tiere. Tierquäler bestrafen sich ununterbrochen selbst, weil sie vergessen haben, was sie in Wahrheit sind: Reine Gottesgeschöpfe mit der immensen Macht, Entscheidungen treffen zu können, die allen Lebewesen auf Erden (sich selbst mit eingeschlossen!) Würde und Liebe garantieren. Die Heilung unseres Schmerzes liegt allein in UNSERER kleinen Bereitwilligkeit, was ein Zitat aus dem „Kurs in Wundern“ bestätigt: *Deine kleine Bereitwilligkeit genügt.* Ich erwähnte es schon.

Die Spiegelgesetz-Methode in vier Schritten

Schritt 1 – Beschreiben

Beschreibe in 2, 3 Sätzen die Eigenschaften und/oder das Verhalten Deines Haustiers.

Schritt 2 – Akzeptieren und Entschlüsseln

Schreibe es auf oder sprich laut: „Ich akzeptiere, dass mir mein Haustier Eigenschaften und/oder Verhaltensweisen spiegelt, die auch ich habe bzw. die ich zu meiner Vollständigkeit brauche."

Ersetze in Deiner Beschreibung den Namen Deines Haustiers durch das Wort „Ich" und finde die verborgene Botschaft – Dein Geschenk – indem Du die „negativen" Eigenschaften und Verhaltensweisen neutral oder positiv beschreibst (z. B. lästige Katze = besonders beharrliche Katze). „Aha! **ICH** soll in einer derzeit aktuellen Angelegenheit **besonders beharrlich** vorgehen. – **DAS** spiegelt mir meine Katze!)

Finde jetzt Deinen negativen Glaubenssatz, mit dem Du Dir selbst jene Eigenschaften verwehrst, die Dir Dein Haustier spiegelt: „Was habe ich gegen ... (z.B. auffällig beharrliche Menschen? Was verurteile ich an ihnen?") Schreibe Deine negative Einstellung, Dein Verbot, Dein Urteil oder ähnl. auf ein Kärtchen.

Schritt 3 – Danken und Aufgeben

Bedanke Dich für das Geschenk einer neu gewonnenen Selbsterkenntnis, danke auch Deinem Haustier. Triff nun eine liebevolle Entscheidung „Ich gebe jetzt meinen geistigen Irrtum auf". Verabschiede Dich und verbrenne das Kärtchen. Ich empfehle Dir, die nachfolgenden Worte zu sprechen oder Dein eigenes Gebet dafür zu finden.

Mit Gottes Hilfe erkannte ich jetzt,
welche Eigenschaften und Verhaltensweisen ich an meinem Haustier,
an mir selbst und anderen Menschen verurteilt habe.
Dafür danke ich von ganzem Herzen.
Ich vergebe mir selbst meinen Irrtum, der bloß ein Fehler war,
und bitte den Heiligen Geist um Beistand,
weil ich jetzt meinen negativen Glaubenssatz aufgebe.

Schritt 4 – Neue Idee

Du kannst Dir jetzt ein Vakuum in Deiner gedanklichen Welt vorstellen. Wo ehemals ein blinder Fleck (ein negativer Glaubenssatz) festsaß, ist jetzt Platz für eine neue, glückbringende Idee, die Dein Herz berührt. Als Schöpfer von Tatsachen pflanzt Du dorthin einen Leitspruch, den Du täglich wie einen kostbaren Schatz behandelst, indem Du Dich so oft wie möglich daran erinnerst. Schreibe Deine neu geborene Idee auf eine Karte oder ein Foto, das Du bei Dir trägst.

BEISPIEL:

Schritt 1 – Beschreiben

Gustav M.: Es stört mich, dass mein Schäfermischlingsrüde Bello absolut kein Wachhund ist. Nähert sich ein Fremder dem Gartentor, wedelt er, anstatt zu bellen! Bello`s Vertrauensseligkeit macht mich schon rasend!

Schritt 2 – Akzeptieren und Entschlüsseln

„Ich, Gustav M., akzeptiere, dass mir mein Hund Bello eine Eigenschaft spiegelt, die auch ich (!) habe und die ich zu meiner Vollständigkeit brauche."

Um die wahre Botschaft zu entschlüsseln, ersetzt Gustav M. in seiner Beschreibung das Wort „Bello" durch das Wort „Ich": „Ich bin kein Aufpasser. Meine *Vertrauensseligkeit* Fremden gegenüber macht mich schon rasend!" Gustav M. wird augenblicklich klar, dass er ein Vertrauens-Problem hat: „Misstrauen ist besser, als betrogen zu werden. Ich bin doch kein *gutgläubiger* Trottel!" Die negative Einstellung von Gustav M. zum Thema „Vertrauen" ist geäußert.

Um das Geschenk seines Hundes – die Liebesbotschaft – zu begreifen, verwandelt Gustav M. die von ihm negativ beurteilten Eigenschaften „vertrauensselig" in „entgegenkommend" und „gutgläubig" in „das Gute für möglich halten": „Aha … **ICH** soll den Leuten mehr **entgegenkommen** und **das Gute für möglich halten** … **DAS** zeigt mir Bello!"

Gustav M. schreibt seine negative Überzeugung auf eine Karte: *„Wer jedem vertraut, ist ein Trottel."*

Schritt 3 – Danken und Aufgeben

Gustav M. bedankt sich für das Geschenk dieser Erkenntnis. Dank dem Verhalten seines Hundes kam er seinem unbeachteten, negativen Glaubenssatz auf die Spur – mit dem er sich selbst verwehrte, Vertrauen zu entwickeln und das Gute für möglich zu halten. Gustav M. ist bereit, sich von seiner als falsch erkannten Überzeugung zu verabschieden und verbrennt die Karte mit den Worten: „Wer jedem vertraut, ist ein Trottel."

Schritt 4 – Neue Idee

Als geistige Stütze für seine Bereitschaft, Vertrauen zu entwickeln, wählt Gustav M. ein Zitat aus dem „Kurs in Wundern": *In meiner Schutzlosigkeit liegt meine Sicherheit.*

Eine berührende Tiergeschichte

Fast täglich erreichen mich Anrufe, Faxe, E-Mails oder Briefe von meinen Lesern. Ich danke Euch allen für diese umwerfend große Anerkennung meiner Bücher, für die vielen Danksagungen, für Euer Vertrauen in das Spiegelgesetz und für Eure Bereitwilligkeit, meine 4-Schritte-Methode als einfache, rasche und kostenlose Möglichkeit der Selbsterkenntnis willkommen zu heißen. Ich habe beschlossen, die traurigen Tiergeschichten an dieser Stelle nicht zu veröffentlichen. Trotzdem danke für Euer Mitgefühl, das mir aus vielen Zeilen über verlassene, kranke und gequälte Gottesgeschöpfe entgegenströmte.

Der Brief von Peter W. und seinem „Ehevermittler" hat mich freudig berührt:

Liebe Christa!

Ich übermittle Dir hiermit eine wahre Tiergeschichte.

Am 1. Mai 1965 unternahm ich mit dem Turnverein einen Ausflug zur Klinke-Hütte auf dem Admonter Kaibling. Am dortigen Bahnhof trieb sich ein Hund herum. Nachdem er mich anwedelte, sprach ich ihn an. Und so kam es, dass wir gemeinsam vier Stunden lang zur Klinke-Hütte aufstiegen, wo wir übernachteten. Am nächsten Morgen erklommen Strolchi (so nannte ich meinen unbekannten Freund im Stillen) und ich den verschneiten Berggipfel und ließen uns beim Gipfelkreuz fotografieren.

Abends wieder am Bahnhof angelangt, fütterte ich Strolchi gerade mein letztes Stück Wurst, als sich uns eine junge Dame näherte und mich anlächelte. Wenig später saßen wir

„zufällig“ im selben Waggon und ich erfuhr, was sie sich am Bahnsteig gedacht hatte: „Das muss ein lieber Mensch sein. Wie lieb der mit dem Hund umgeht ...“ Diese junge Dame und ich sind seit nunmehr 34 Jahren glücklich verheiratet. Unseren „Ehevermittler“ haben wir nie mehr wiedergesehen. Wenn ich nun diese Begebenheit im Licht Deiner Spiegelgesetz-Methode betrachte, so glaube ich zu wissen, was mir dieser Hund vermitteln wollte: „Mit dem richtigen Partner kannst Du alle Gipfel des Glücks erklimmen!“ Und meiner Frau sagte er: „Schau, dies ist der richtige Partner für Dich!“

Noch eine wahre Geschichte von der Hündin Tessa kannst Du auf meiner Homepage lesen.

Klicke auf „Es war einmal ...“ auf der Startseite.

Nachwort

Seitdem ich an diesem Büchlein schreibe, fällt mir folgendes Phänomen auf: Immer mehr meiner Seminarteilnehmer haben es mit auffälligen Verhaltensweisen diverser Tiere zu tun. Im Leben der Frau Sch. taucht plötzlich eine fremde Katze auf, die ins Wohnzimmer spaziert und auf dem Teppich ihre Notdurft verrichtet … Im Garten von Marion L. hat sich ein Igel eingenistet, der fast schon so zutraulich ist, wie ein Hund … Gerlindes Pekinese Sindbad bekommt Fieberschübe aus heiterem Himmel … gestern Abend wurde auf dem Wiener Gürtel (stark frequentierte Straße) ein eineinhalb Meter langer Leguan gefunden, der sich dorthin verirrt (?) hatte. Wie ich aus den Nachrichten erfuhr, hat sich seine Besitzerin inzwischen gemeldet. Vor drei Wochen war es ein Krokodil im Wiener Donaukanal, das für Aufregung sorgte. Und brandaktuell: Gestern fand eine heimgekehrte Urlauberin in ihrer Wiener Wohnung ungefähr vierzig Fledermäuse vor! Frau P. hatte ihr Küchenfenster einen Spalt breit offen gelassen, so dass die fröhliche Schar ungehindert eindringen konnte. All diese Geschichten beweisen mir den stimmigen Zeitpunkt für dieses Buch. Die Tiere machen auf sich aufmerksam. Umso mehr freue ich mich, Dir ein paar neue Impulse geschenkt zu haben, wenn Du von nun an Dein Haustier nicht nur mit des Körpers Augen betrachtest. Dein Hund, Deine Katze, Dein Vogel, Dein Hamster …

… ist in Wirklichkeit ein Bote,
der Dir aus reiner Liebe immer nur die
Wahrheit überbringt.

Anhang

50 % meiner Tantiemen für dieses Buch erhält der

Wiener Tierschutzverein

Ich danke Dir von ganzem Herzen, wenn Du mithilfst, das Wiener Tierschutzhaus zu unterstützen. Spendenkonto Christa Kössner „Förderung Wr. Tierschutzverein“:
Bank Austria 502-753956/00 BLZ 12000 oder an den
Wiener Tierschutzverein
2331 Vösendorf, Triester Straße 368
Spendenkonto PSK 1717.000

Kontakt-Adresse

Wenn Du mit der Autorin Kontakt aufnehmen möchtest, wende Dich bitte an den Verlag www.ennsthaler.at

besuche ihre Homepage im Internet

http://members.vienna.at/Koessner

schreibe eine E-Mail an

ckhappy@vienna.at

Christa Kössner
Mein Auto spiegelt MICH
Das Spiegelgesetz

152 Seiten, br., Format: 15 x 21 cm
ISBN 3-85068-578-0

Christa Kössner
Die Spiegelgesetz-Methode®
Praktischer Wegweiser in die Freiheit

103 Seiten, br., Format: 12 x 18 cm
ISBN 3-85068-579-9

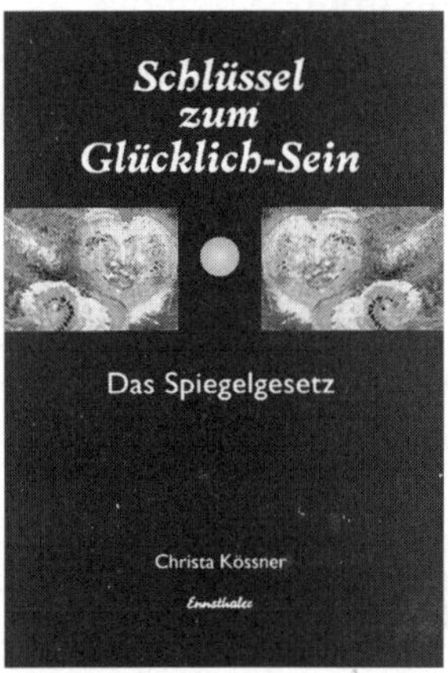

Christa Kössner
Schlüssel zum Glücklich-Sein
Das Spiegelgesetz

94 Seiten, br., Format: 15 x 21 cm
ISBN 3-85068-524-1

Christa Kössner
Meine Krankheit spiegelt mich
Individuelle Symptom-Entschlüsselung
mit der Spiegelgesetz-Methode®

100 Seiten, br., Format: 15 x 21 cm
ISBN 3-85068-594-2

Ennsthaler VERLAG